Kleine Bet-Lektüre

Lukas Niederberger (geb. 1964) ist Jesuitenpater und Direktor des Bildungszentrums Lassalle-Haus Bad Schönbrunn (Edlibach/Schweiz), Kursleiter und Coach in den Bereichen Spiritualität, Rituale, Führung und Entscheidungsfindung sowie Buchautor.

Lukas Niederberger

Kleine Bet-Lektüre

Patmos

Für meine Patenkinder
Alina, Andrina, Camille, Liam und Linard

Bibliografische Information der Deutschen Bibliothek

Die Deutsche Bibliothek verzeichnet diese Publikation
in der Deutschen Nationalbibliografie;
detaillierte bibliografische Daten sind im Internet
über http://dnb.ddb.de abrufbar.

Umschlagbild: © William Whitehurst/CORBIS
Reihenkonzept und Einbandgestaltung:
Gudrun Pawelke, Büro für Ausdrucksfindung
Printed in Germany
ISBN 3-491-71304-8
www.patmos.de

Inhalt

Vorwort

Nach einer Umfrage betet ein Viertel der Bevölkerung täglich, ein zweites Viertel wöchentlich, ein drittes Viertel bei Bedarf und das verbleibende Viertel kaum oder nie. 65 % der Befragten beten fürs persönliche Wohlergehen (64 % Frauen und 67 % Männer), 60 % beten fürs Wohlergehen der Allgemeinheit (67 % Frauen und 52 % Männer) und 52 % haben ihre Gebete als erhört erfahren (67 % Frauen und 51 % Männer).

Als Kind sang und betete ich jeweils abends im Bett mit meinen Geschwistern und meiner Mutter. Dieses Ritual schenkte mir Geborgenheit. Später erhielt ich ein eher gespaltenes Verhältnis zum Beten. Als Schüler mussten wir klassenweise in den Beichtstuhl gehen; da bekam ich je nach Grad meiner Schuld oder Laune des Priesters 5, 10 oder 20 Vaterunser als Buße aufgebrummt. Diese Form der Bestrafung hat mich immer irritiert. Ich fragte mich jeweils, warum ein Priester Gebete zur Buße aufgeben konnte. War Beten etwas so Schreckliches?

Im Internat bei den Benediktinern in Engelberg wohnte ich hin und wieder am frühen Abend der Vesper im Chorgestühl bei. Die Mönche, die als Lehrer von uns Jugendlichen tagsüber wenig zu lachen hatten, machten beim Singen der Psalmen den Eindruck, dass sie in kürzester Zeit ihren Ärger und Frust abladen und neue Energie aufladen könnten – eine Art geistlicher Boxenstopp. Dies wirkte anziehend auf mich. Dennoch wählte ich den Weg in den Jesuitenorden, da mir das individuelle Beten mitten im weltlichen Tun mehr entspricht als ein regelmäßiger Wechsel von Arbeit und Gemeinschaftsgebet.

Auch nach 20 Jahren Ordensleben bin ich ein Suchender geblieben in Sachen Gebet. Wenn der Inhalt des Buches so tönt, als hätte ich einen ständigen Draht zu Gott, kann ich Sie beruhigen: Jeder Tag ist eine neue Herausforderung für diese Beziehung.

Ich widme dieses Buch meinen Patenkindern Alina, Andrina, Camille, Liam und Linard. Geschrieben ist es für alle Menschen mit dem Wunsch, im Verlauf des Lebens ihre je eigene und stimmige Form der Kommunikation mit dem Göttlichen zu finden.

Da am Ende jedes Kapitels jeweils ein paar Fragen folgen werden, lohnt es sich, wenn Sie gleich einige Notizblätter hinten ins Buch legen.

- Warum habe ich dieses Buch zum Lesen ausgewählt? Was hat den Ausschlag gegeben?
- Was erwarte ich von diesem Buch? Was möchte ich lernen oder vertiefen? Auf welche Fragen möchte ich eine Antwort erhalten?

Lassalle-Haus, Edlibach (Schweiz), Ostern 2006
Lukas Niederberger

I Gebetserfahrungen im Freundeskreis

Von welchem Punkt an können meine inneren Monologe, meine Gefühlsäußerungen ins Blaue hinein oder mein stilles Klagen und Hadern als Gebet bezeichnet werden? Wann sind meine leise gesprochenen Worte Gebete und wann nicht – und warum? Muss ich an Gott als Person denken, damit das innere Gespräch Gebet genannt werden darf? Nach welchem Kriterium verdienen Worte und Gespräche die Etikette »Gebet«?

Ich fragte einige Freunde, welches ihr Lieblingsgebet und ihre Gebetsweise sei – sofern sie überhaupt beten und an einen Gott glauben, zu dem man reden kann.

»Ich bete nicht mit Worten zu Gott, ich meditiere in Stille. Aber am Morgen, wenn ich aufstehe und beim Waschen in den Spiegel schaue, sage ich sehr bewusst dreimal: Ja, ja, ja.« (Frau, 87 Jahre)

»Ehrlich gesagt, ich kenne (noch) fast keine Gebete, da ich in einem kommunistischen Land aufgewachsen bin. In der Regel dichte ich mir etwas zusammen, was gerade aktuell ist. Es ist mir wichtiger, ein paar Augenblicke mit Gott zu verbringen als die Worte. Ich finde er/sie/es spürt besser als ich, was ich sagen will und was mir am Herzen liegt. So finde ich die Worte oft einfach überflüssig. Ich versuche mich wie über ein kabelloses Modem mit der Ganzheit der Welt für ein paar Augenblicke zu verbinden – zum Nulltarif und mit einer Ausfallrate von 0 %. Am besten mit einer eigenen individuellen Software, die sich über die kommerzielle Massen-Menschen-Programmierung erhebt. Die Zeit, die ich zum Erstellen dieser Software benötige, schätze ich auf lebenslänglich. Und die große Virusgefahr ist meine angeborene Bequemlichkeit und Faulheit als Teil der Spezies Mensch.« (Frau, 29 Jahre)

»Meine Mutter war eine fröhliche, aufgeschlossene Frau mit einem klaren Blick für die Realitäten des Lebens. Wie ein Vermächtnis gab sie mir den Satz mit: ›Vergiss das Beten nie!‹ Dieser Satz klingt, seit sie gestorben ist, noch viel stärker in meinem Herzen und Gemüt. Ich bin ihr so dankbar dafür und gebe diesen schlichten Satz in ihrem Sinne weiter.« (Frau, 65 Jahre)

»Mein allererstes Gebet, das mir als Kind meine Oma beibrachte, lautet:

›Ich bin klein, / mein Herz ist rein, / darf niemand drin wohnen / als Du, mein Jesulein.‹

Ich habe es häufig ganz klassisch – vor dem Bett kniend, mit gefalteten Händen – gesprochen, ohne allerdings so genau zu wissen, weshalb – man tat das halt so. Die heutige Art zu beten ist eher eine Art Monolog, ein einseitiger Gedankenaustausch, ohne Rituale. Es kann passieren, dass das auch mal in einer Kirche passiert, aber nicht zwingend. Wobei die Stille einer Kirche es sicher erleichtert und zu besonders langen, intensiven Gebeten führen kann. Eines finde ich wichtig: nicht nur dann zu beten, wenn man etwas will (sei es für sich oder für andere), wenn man traurig oder gar verzweifelt ist, sondern gerade auch dann, wenn es einem besonders gut geht, wenn man die Freude teilen bzw. seine Dankbarkeit zum Ausdruck bringen möchte.« (Frau, 41 Jahre)

»Das Schönste am Beten ist, dass man zu sich selber kommt, dass es somit die These von der Selbstentfremdung durch Religion widerlegt. Mein Lieblingsgebet, sofern es ein Gebet ist, ist der folgende Text von Dietrich Bonhoeffer.« (Mann, 51 Jahre)

»Von guten Mächten treu und still umgeben,
behütet und getröstet wunderbar, –
so will ich diesen Tag mit euch leben
und mit euch gehen in ein neues Jahr;

noch will das alte unsre Herzen quälen,
noch drückt uns böser Tage schwere Last.
Ach Herr, gib unsern aufgeschreckten Seelen
das Heil, für das du uns geschaffen hast.

Und reichst du uns den schweren Kelch, den bittern,
des Leids, gefüllt bis an den höchsten Rand,
so nehmen wir ihn dankbar ohne Zittern
aus deiner guten und geliebten Hand.

Doch willst du uns noch einmal Freude schenken
an dieser Welt und ihrer Sonne Glanz,
dann woll'n wir des Vergangenen gedenken,
und dann gehört dir unser Leben ganz.

Lass warm und hell die Kerzen heute flammen
die du in unsre Dunkelheit gebracht,
führ, wenn es sein kann, wieder uns zusammen!
Wir wissen es, dein Licht scheint in der Nacht.

Wenn sich die Stille nun tief um uns breitet,
so lass uns hören jenen vollen Klang
der Welt, die unsichtbar sich um uns weitet,
all deiner Kinder hohen Lobgesang.

Von guten Mächten wunderbar geborgen
erwarten wir getrost, was kommen mag.
Gott ist bei uns am Abend und am Morgen
und ganz gewiss an jedem neuen Tag.«

Dietrich Bonhoeffer

- Welche Erfahrungen habe ich bisher mit dem Beten gemacht?
- Welches ist mein Lieblingsgebet?

II Was ist Beten?

»Wenn der Mensch betet,
dann atmet Gott in ihm auf.« *Friedrich Hebbel*

»Das Gebet ist etwas so Natürliches für den Menschen wie die Sprache, das Atmen oder das Schlagen eines verliebten Herzens. Es ist auch in Wirklichkeit nichts anderes als eine Klage, ein Seufzen, ein Blick oder ein Herzschlag. Das Gebet ist nichts anderes als ein Kontaktaufnehmen mit Gott. Es ist eine Verbindung mit Gott, die keine Worte und nicht einmal Gedanken braucht. Man kann sich mit einem Blick mitteilen oder mit einem Lächeln, mit Seufzern oder mit Taten. Tatsächlich ist jede Bewegung unseres Körpers ein Gebet. Unser Körper spricht ein tiefes Dankgebet, wenn er seinen Durst mit einem Glas Wasser stillt. Wenn wir uns an heißen Sommertagen in die Fluten eines kühlen Flusses stürzen, singt unsere Haut eine Dankeshymne an ihren Schöpfer, auch wenn dies ein irrationales Gebet ist, das ohne unsere ausdrückliche Zustimmung oder sogar gegen unseren Willen geschieht. Wir können aber willentlich aus allen unseren Taten ein Gebet machen.« *Ernesto Cardenal*

Der Mensch ist ein *homo orans*, ein Betender. Je nach Kultur unterscheiden sich Gebete stark bezüglich Form und Inhalt. Dennoch haben die buddhistische Versenkung in die Leere, die hinduistische Verehrung

Krishnas, das jüdische Psalmengebet, der schamanistische Tanz und das christliche Vaterunser etwas gemeinsam. Sie richten sich zwar nicht alle an einen personalen Gott, aber sie lassen den Menschen aus der inneren Sammlung und aus dem Gewohnten ausbrechen, über die Grenze seiner selbst, seiner Beziehungen und der Welt hinaus. Beten ist die Entfaltung seiner selbst in den lebendigen Äther hinein.

Beten ist eine Bewegung hinein ins Innerste und Äußerste: die ehrliche Öffnung in den eigenen Herzensgrund, die solidarische Öffnung auf die Welt hin, die akzeptierte und dankbare Öffnung auf Gottes Gegenwart hin und hin auf die geschenkte Öffnung zum Himmel.

Beten ist die natürlichste Sache der Welt und gleichzeitig beladen mit fundamentalen Fragen des Warum und Wofür, des Wie, Wo und Wann. Zum Glück kann man Beten ein Leben lang lernen und entfalten.

Das Kind kreiert zunächst für uns unverständliche Laute und ahmt unsere Laute nach. Später lernt es Sätze bilden und lernt sich mit anderen Menschen zu unterhalten. Wenn ich heute mit einem mir unbekannten Menschen ins Gespräch komme, dann beginnt der Kontakt bei einem scheuen und distanzierten »Hallo« oder »Guten Tag« oder »Grüß Gott«. Später beginnen beide etwas von ihrer Person zu erzählen oder stoßen auf ein Thema, das sie interessiert. Allmählich kommt man sich näher wie der kleine Prinz und der Fuchs. Und mit der Zeit können sich Menschen ihr ganzes Herz öffnen und sich mit Sonnen- und Schattenseiten zeigen und zumuten. Erst wenn sich zwei Menschen sehr gut kennen und lieben, braucht es keine Worte mehr, um sich tief verbunden zu fühlen. Wie wir in den folgenden Kapiteln sehen werden, ist es mit der Kommunikation mit Gott nicht viel anders.

Das Lexikon definiert den Begriff »Gebet« als »eine mit Worten oder begleiteten Handlungen verbundene Anrede einer als Person vorgestellten Gottheit«.

Damit kommen wir schon zu einer der zentralen Fragen des Betens: Braucht das Gebet Worte und Handlungen? Und müssen sich Gebete zwingend an einen personalen Gott richten?

Unser Gebet ist immer nur der Versuch einer Antwort auf ein vorausgegangenes Wort. Es ist wie wenn mir ein guter Freund oder eine Freundin sagt: »Ich liebe dich«, und ich nach einer stimmigen Reaktion suche. Je nach Situation wende ich mich etwas verschämt oder mit Widerständen entschieden ab oder ich stammle ein paar zärtliche Worte und nehme die andere Person spontan in die Arme und halte sie schweigend. Wenn wir daran glauben, dass es eine letzte göttliche Wirklichkeit gibt, die das Universum geschaffen hat und ein echtes und liebevolles Interesse an jedem Lebewesen hat, dann bedeutet Beten das Ringen nach einer stimmigen Antwort auf dieses vorausgehende Liebesangebot.

Übung: Mein allgemeines Lebensgefühl und meine Gebetspraxis

In dieser Einstiegs-Übung versuchen wir unser Gebetsverhalten und unsere Gebetsmuster etwas klarer zu erkennen. Auf der horizontalen Linie sind meine Lebensjahre eingezeichnet. Entsprechend meiner Lebensphasen halte ich in einem ersten Schritt das allgemeine Lebensgefühl fest. Wie habe ich die Kindheit, Jugend, Ausbildungszeit, den Aufbau von Familie und Beruf etc. erlebt? Wo gab es besondere Glücksmomente oder auch Krisen und einschneidende Schicksalsschläge? Je nach Grundgefühl bewerte ich die Phasen und Zeitpunkte positiver oder negativer (von +5 bis −5) und bezeichne dies mit einem Punkt. Die verschiedenen Punkte verbinde ich dann mit der einen Farbe zu einer Kurve. Mit einer zweiten Farbe bewerte ich meine Gebetspraxis entsprechend meiner Biographie. Zu welchen Zeiten war das Gebetsleben intensiv und positiv, wann hat es eher geruht oder bereitete mir große Mühe? Auch diese Phasen bewerte ich von +5 bis −5 und verbinde die Punkte mit einer Kurve.

+ 5
+ 4
+ 3
+ 2
+ 1
0

– 1 10 J. 20 J. 30 J. 40 J. 50 J. 60 J. 70 J.
– 2
– 3
– 4
– 5

Diese beiden Kurven des allgemeinen Lebensgefühls und der Gebetspraxis lasse ich dann auf mich wirken.

- Was sagen mir dieser Kurven einzeln?
- Wie verlaufen sie?
- In welchem Zusammenhang stehen sie miteinander?
- Welches Gebetsverhalten erkenne ich?
- Wie schätze ich mein Gebetsleben im Moment ein (sehr gut, lebendig, zufriedenstellend, mittel, lau, unbefriedigend, inexistent)?

III Warum beten?

Eine Großmutter fragt ihren Enkel: »Betest du jeden Abend deine Gebete?« Und der Enkel sagt: »Oh ja.« »Und betest du auch jeden Morgen?«, wollte die Oma wissen. »Nein«, sagt ihr Enkel, »am Tage habe ich keine Angst.«

Wenn man jemanden fragt, warum er bete, dann ist es, als ob man von jemandem wissen will, warum er Gedichte schreibt, Musik komponiert, Blumen pflanzt, auf Berge klettert, gefährliche oder ausgesetzte Hunde in Heimen spazieren führt, AIDS- und Leprakranken in Afrika hilft, Flüchtlinge beherbergt oder gegen Walfischfang demonstriert. Die Antwort lautet: Dieser Mensch kann nicht anders, eine innere Stimme drängt sie oder ihn dazu. Beim Beten wenden sich die Menschen an ein DU, von dem sie glauben, dass es die Quelle allen Lebens und aller Liebe, aller Schönheit und allen Lichts ist. Darum wird die Antwort auf die Frage, warum wir beten, letztlich bei den meisten Menschen dadurch begründet sein, dass die Liebe eines DU sie lockt, den Liebesruf zu erwidern.

Selbstverständlich ist die Gebetspraxis nie ganz frei von anderen, auch weniger edlen Gründen und Motiven. Aber ich finde es keine Schande, wenn jemand sagt, er bete, weil er das so gelernt habe, oder wenn jemand betet, weil es ihr einfach gut tue.

Um die Frage des Warum zu vertiefen, kommt man

um drei kritische Fragen nicht herum, die in Diskussionen immer wieder auftauchen:

Brauchen wir Gott? Dann lieben wir Gott nicht wirklich frei.

Braucht Gott unser Gebet? Dann spürt Gott nicht wirklich, was wir brauchen.

Hört uns Gott wirklich? Dann müsste es um unsere Welt besser bestellt sein.

Brauchen wir Gott? Dann lieben wir Gott nicht wirklich frei

Manche Liebesbeziehungen funktionieren genauso lange gut, wie sich die Partner gegenseitig brauchen und in einer gewissen Abhängigkeit voneinander leben. Und sie trennen sich just in dem Moment, wo sie materiell oder emotional autonomer sind, sich nicht mehr »brauchen« und erstmals aus befreiter Liebe zusammen sein könnten. Dieses Phänomen erleben manche auch im Verhältnis zu Gott. Sie wenden sich dann an Gott, wenn sie ihn brauchen. Und wenden sich dann ab, wenn sie ihn eigentlich frei von Erwartungen und Wünschen lieben könnten.

Ich brauche Gott und »brauche« sie doch nicht. Ich brauche Gott nicht in dem Sinne, wie ich Luft, Wasser und Brot brauche. Und gleichzeitig brauche ich Gott mehr als all dies, weil mir sonst die Verbundenheit mit dem Weiten und Großen fehlt. Wenn ich aus Druck oder Unachtsamkeit mal längere Zeit den Kontakt zu

Gott auf Sparflamme halte, wird mein Leben automatisch eindimensional, schal, oberflächlich. Und ich werde anfälliger für Erfolgsstreben, Besitz, Ehre und Macht, sobald ich die geistliche Beziehungsebene über längere Zeit vernachlässige.

Braucht Gott unser Gebet? Dann spürt Gott nicht, was wir brauchen

»Gott, Du Feuer und Abgrund der Liebe,
Du Narr aus Liebe, brauchst Du denn Dein
Geschöpf?
Du benimmst Dich, als ob Du ohne Dein
Geschöpf nicht mehr leben könntest.
Dabei bist Du doch das Leben,
von dem alles Leben hat.
Warum also bist Du Deinem Leben
so närrisch zugetan?«

Katharina von Siena

»Was bin ich für dich, dass du von mir geliebt sein willst?«, fragte der große Kirchenlehrer Augustinus. Langweilt sich Gott im Himmel etwa ohne unsere Bitten und Klagen? Ich meine und hoffe nicht, dass Gott auf unsere Gebete angewiesen bist. Aber vielleicht sehnt sich Gott, der die Liebe und Quelle aller Liebe ist, hin und wieder nach einem Wort oder Zeichen von uns und freut sich, wenn wir an ihn denken und den Kontakt zu ihm suchen. Eltern freuen sich ganz besonders über jedes Stammeln ihres Babys und sind fast außer sich, wenn sie erstmals ein »Mama oder «Papa« hören. Warum sollte es Gott nicht auch so gehen, wenn er seine Kinder stammeln hört? Das sind natürlich alles menschliche Projektionen auf Gott. Aber wieso sollte es nicht so sein?

Die Psalmen betonen wiederholt, dass Gott unsere Wege und Bedürfnisse, Nöte und Sehnsüchte bestens vertraut sind. Und in der Bergpredigt spricht Jesus: »Euer Vater weiß, was ihr braucht, noch ehe ihr ihn bittet.« (Matthäus-Evangelium 6,8)

Wen wundert's also, wenn Menschen sich deshalb fragen, warum sie zu Gott beten sollen, wenn er besser als wir selbst weiß, was wir brauchen. Warum soll man an jemanden seine Bitten, Klagen und Wünsche richten, der schon vor unserer Zeugung unser gesamtes Lebens-Drehbuch ersann und schrieb?

»Wenn Gott uns liebt,
weiß er, was wir brauchen
und gibt es uns unaufgefordert.
Das, was ohne Bitten gegeben wird,
ist kostbarer und wertvoller als das,
was auf die Bitte hin gereicht wird.« *Seneca*

»Gott, du kennst mich besser als ich mich selbst,
meine Gedanken können dich nicht überraschen,
du brauchst meine Bitten nicht, nicht Dank und Lob.
Mein Beten ist nichts als Stammeln, nur ein Versuch,
lass mich still in deiner Liebe wohnen.«

Warum es trotz des göttlichen Wissens um unsere Sehnsüchte sinnvoll bleibt, Gott unsere Bedürfnisse zu kommunizieren, kann ich wieder nur mit der Analogie des partnerschaftlichen Verhältnisses zwischen zwei liebenden Menschen aufzeigen. Wer in einer Zweierbeziehung lebt, spürt in der Regel mit einer durchschnittlichen Portion Empathie die Bedürfnisse und Sehnsüchte, die Wünsche und Leiden seiner Partnerin oder seines Gefährten, auch wenn das Gegenüber kein Wort sagt. Dies macht das Mitteilen der Wünsche und Bedürfnisse jedoch nicht überflüssig. Sätze wie »wenn du mich lieben würdest, wüsstest du, was ich brauche« fallen nicht selten in Konfliktsituationen. Sie sind unfair. Selbst wenn die Partnerin die Leiden des Gegenüber spürt, kann es durchaus von Respekt zeugen, wenn sie nicht gleich drauflos hilft, sondern wartet, bis der andere sein Leid artikulieren kann und bereit ist, Hilfe anzunehmen. Wenn ich also meine Anliegen in Bittgebeten formuliere, gehe ich von einem Gott aus, der meine Freiheit voll und ganz respektiert und von mir, seinem reifen Partner, hören will, was ich wirklich will und brauche, ersehne und wünsche.

»Gott, ich weiß nicht, um was ich dich bitten soll.
Nur du weißt, was ich brauche.
Du liebst mich besser,
als ich mich selbst zu lieben weiß.
O Vater, gib deinem Kinde,
wovon es selbst nicht weiß,
wie es dich darum bitten soll.

Ich wage dich nicht zu bitten,
sondern bringe einfach mein Herz dir dar.
Sieh an meine Nöte, die ich selbst nicht kenne;
sieh her und tu an mir nach deiner Güte.
Ich gebe mich dir hin.
Ich habe kein anderes Verlangen,
als deinen Willen zu tun.
Lehre mich beten.
Bete du in mir.« *François Fénelon*

Dieser französische Theologe hat etwas sehr Wichtiges des Gebetslebens gespürt. Ziel ist es, dass wir immer weniger reden und wir uns reden hören im Gebet, sondern dass wir immer mehr zu Hörenden werden und Gott in uns spricht und betet.

Hört uns Gott wirklich? Dann müsste es um unsere Welt besser bestellt sein

»Wenn es einen Gott gibt, der den Menschen liebt,
so soll er jetzt sprechen. Jetzt.«
Stimme des Chors in »Thyestes«, nach Seneca

Gebete müssen von Gott nicht genau in unserem Sinn und Willen erfüllt werden, um zu beweisen, dass sie von Gott gehört wurden.

In den Gottesdiensten im Lassalle-Haus gebe ich den Mitfeiernden jeweils Gelegenheit zu spontanen persönlichen Fürbitten. Manchmal schlage ich im

Geiste die Hände über meinem Kopf zusammen, wenn Gott angerufen wird, als wäre er der Weihnachtsmann oder der universale ADAC. Im letzten Weihnachtsgottesdienst sprach eine ältere Dame die Bitte aus, Gott möge ihr bald ein zweites Enkelkind schenken. Innerlich schmunzelnd sagte ich mir: Ihren Wunsch sollte sie gescheiter ihrer Tochter mitteilen, statt den lieben Gott damit zu behelligen. Zehn Tage später erhielt ich von der Dame eine Postkarte, in der stand: »Die Fürbitte, die ich in eurer Kapelle aussprach, hat Gestalt angenommen. Meine Tochter und ihr Mann erwarten ihr zweites Kind.« Ich schaute zur Zimmerdecke und sprach: »Gott, kannst du mir meine geistliche Arroganz auch noch anders aufzeigen?«

Oft höre ich Menschen klagen, da ihre Gebete nie erhört würden. Ich denke eher, dass wir Menschen uns meistens auf eine ganz bestimmte Form von Hilfe von Gott fixieren und darum seine Antworten auf unsere Bitten nicht erkennen können oder wollen. Manchmal habe ich sogar den Eindruck, dass Gott uns nicht mehr bestrafen könnte, als wenn er all unsere Bitten erfüllen würde. Wenn ich Gebete höre oder lese, in denen um Gerechtigkeit auf Erden gebetet wird, stelle ich mir innerlich jeweils vor, wie das genau aussehen würde auf Erden, wenn Gott diese Bitte wörtlich und radikal umsetzen würde: 10 % der Erdbevölkerung verfügt über 90 % der Finanzen und verbraucht 90 % der Energieressourcen. Hand aufs Herz: Wer von diesen 10 %, zu denen wir gehören, möchte von seinem jetzigen Reichtum und Lebensstandard auch nur einen kleinen Teil freiwillig abgeben? Der heilige Franz von Sales schrieb einmal: »In der Ewigkeit werden wir Gott für dic Gebetc, die er nicht erhört hat, vielleicht noch dankbarer sein als für die, die er erhört hat.« Ähnlich schrieb auch Teresa von Avila: »Es werden mehr Tränen über erhörte Gebete vergossen als über nicht erhörte.«

Ein Junge, der sich von Gott stets ungehört fühlte, betete einmal: »Gott, mach dir keine Sorgen, wenn du aus mir keinen besseren Menschen machen kannst, ich habe eine super Zeit, so wie ich bin.«

- Warum bete ich?
- Bete ich, wenn ich Gott brauche – oder wann?
- Wann hatte ich das Gefühl, Gott habe mein Gebet erhört – und wann nicht?

IV Wofür beten?

Die Frage, wofür und wozu man beten soll, ist eigentlich ebenso falsch gestellt wie die Frage, warum man betet. Es ist, als ob man von Kindern erfahren möchte, wozu sie ihre Puppen stundenlang an- und ausziehen, wofür sie sich die Bälle zuwerfen und zu welchem Zweck sie sich hinter Bäumen verstecken und suchen gehen. Beten, sagt man, ist – wie das Spiel – zweckfrei. Wir leben in einer Gesellschaft, in der alles etwas »bringen« muss und wo wir Sinn oft mit Nutzen gleichsetzen. Beten hat für viele nur dann einen Sinn, wenn es einen konkreten Nutzen beinhaltet. Darum fällt leistungsorientierten Menschen das Beten schwer. Wenn man sich dennoch auf das fragwürdige gesellschaftliche Spiel einlässt und nach Zweck und Nutzen, Funktionen und Früchten des Betens sucht, gelangt man zu erstaunlichen Erkenntnissen.

Kraft und Sinn schöpfen für den Alltag

Regelmäßiges Beten gibt wie andere Rituale dem Alltag eine kultivierte Struktur. Für Erwachsene mit einem vollen Arbeitspensum ist dies vielleicht nicht so wichtig. Aber Kinder, Menschen mit einer Behinderung, arbeitslose oder pensionierte Menschen brauchen eine Tagesstruktur, die ihnen Halt und Sicherheit schenkt. Das regelmäßige Essen und Waschen strukturiert den Tag zwar auch schon. Aber Rituale mit einem höheren geistigen und geistlichen Gehalt geben dem Alltag über die Struktur und den Halt hinaus die Sinntiefe, ohne die der Mensch zwar überleben, aber nicht wirklich leben kann. Der Cellist, Komponist und Dirigent *Pablo Casals* beschrieb diese Erfahrung mit seinem persönlichen Ritual:

»Die letzten 80 Jahre habe ich jeden Morgen auf dieselbe Weise begonnen, nicht etwa mechanisch, aus bloßer Routine, sondern weil es wesentlich ist für meinen Alltag: Ich gehe ans Klavier und spiele zwei Präludien und zwei Fugen von Bach. Anders kann ich es mir gar nicht vorstellen. Es ist so etwas wie ein Haussegen, aber es bedeutet mir noch mehr: die immer neue Wiederentdeckung einer Welt, der anzugehören ich mich freue. Durchdrungen von dem Bewusstsein, hier dem Wunder des Lebens selbst zu begegnen, erlebe ich staunend das schier Unglaubliche: ein Mensch zu sein.«

Was bei Casals die Musik von Bach bewirkte, erreicht bei vielen Menschen das tägliche Gebet am Morgen und/oder am Abend. Ein Tag, der mit einem Moment der Stille, mit einem Gebet, einer tiefen Verneigung oder einem Lied beginnt, hat einen anderen Ton als ein Tag ohne Ritual. Der Alltag ist durch das Gebet mehr verankert und ich kann mich leichter an die schwierigen Sachen heranwagen, weil ich meine Kraft und Motivation aus der inneren göttlichen Quelle schöpfe.

Selbsterkenntnis

»Wie kannst du von Gott verlangen, dass er dich hört,
wenn du dich selber nicht hörst?«

Cyprian von Karthago

»Immerfort empfange ich mich aus deiner Hand.
So ist es und so soll es sein.
Das ist meine Wahrheit und meine Freude.
Immerfort blickt dein Auge mich an,
und ich lebe aus deinem Blick,
du mein Schöpfer und mein Heil.
Lehre mich in der Stille deiner Gegenwart,
das Geheimnis zu verstehen, das ich bin.
Und das ich bin
durch dich und vor dir und für dich.«

Romano Guardini

»Gott,
ich habe keine Ahnung, wohin ich gehe.
Ich erkenne nicht, wohin der Weg mich führt.
Ich weiß nicht im Geringsten, wo er enden wird.
Ebenso wenig weiß ich, wer ich selber bin.
Und die Tatsache, dass ich denke,
dass ich deinem Willen folge,
bedeutet nicht, dass ich das auch wirklich tue.
Aber ich glaube, dass der Willen, dich zu erfreuen,
dich tatsächlich erfreut.
Und ich hoffe, dass dieser Wunsch
all mein Denken und Handeln erfüllt.«

Thomas Merton

Beim persönlichen Beten in der Zurückgezogenheit werde ich mit meinen tiefsten Sehnsüchten und mit meiner Bedürftigkeit, mit meinen Ängsten und mit Verletzungen und Grenzen konfrontiert. Darum stellt das Gebet eine der ehrlichsten Tätigkeiten des Menschen dar. Aus diesem Grund fällt es vielen Menschen schwerer, sich übers Gebet auszutauschen als über ihre finanzielle Situation oder über ihre sexuellen Fantasien und Praktiken. Gerade beim Bittgebet kann ich unmöglich um etwas bitten, wenn mein Verlangen nach etwas anderem meinen Kopf, mein Herz und Gemüt erfüllt.

Beten dient der Selbsterkenntnis und -erforschung. Und diese wiederum bildet die Grundlage für das Finden und Treffen von stimmigen Entscheidungen.

Übung

Eine hilfreiche Methode zur Selbsterkenntnis und gleichzeitigen Vertiefung der Gottesbeziehung kreierte Ignatius von Loyola. Er empfiehlt den Übenden auf ihrem geistlichen Weg das abendliche »Gebet der liebenden Aufmerksamkeit«. Er nennt es die wichtigste Viertelstunde am Tag. Diese tägliche Gewissenserforschung oder innere Tagesschau hilft uns, in der liebenden Beziehung zu uns selbst, zu anderen Menschen und zu Gott zu wachsen und achtsamer zu werden für die Feinheiten und Zwischentöne des Lebens, der Liebe wie des Leidens in uns, in unseren Beziehungen und in der Welt. Es ist ratsam, dafür einen bestimmten Ort und bestimmte Worte als Einstieg zu wählen. Das hilft meiner Seele, wie ein Gewässer ruhig zu werden, damit sich der Tag darin spiegeln kann. Ich stelle mich bewusst vor Gottes Liebe und Licht und versuche zu spüren: Gott ist mit mir, in Gott lebe ich und bewege ich mich. Dann gehe ich den vergangenen Tag Stunde für Stunde durch, lasse ihn ablaufen wie einen Film, erinnere mich, verinnerliche diese Zeit noch einmal. Ich bewerte und beurteile die verschiedenen Begebenheiten zunächst mal nicht, schaue sie nur mit wohlwollenden Augen an. In einem weiteren Schritt versuche ich, meine inneren Bewegungen, Gefühle, Taten, Stimmungen und Stimmen zu prüfen. Ohne Zensur lasse ich meine Gefühle zu, nehme die positiven wie negativen Bewegungen in mir wahr: Freude und Trauer, Ungeduld und Glück, Ärger und Lustlosigkeit, Erfülltsein und Leere. Und ich prüfe mich, in welche Richtung mich das Leben in den letzten Stunden geführt hat. Wie ein Schaf oder eine Kuh lasse ich einzelne Momente in mir aufkommen und kaue sie wieder: Ich nehme wahr, was war, und lasse es auf mich wirken, ohne mich klein zu machen oder zu verurteilen. Ich spüre all dem nach, wofür ich besonders dankbar bin. Es kann ein Danken sein für die Gesundheit, für eine besondere Begegnung, für die Sonne oder den Regen; für die Arbeit oder eine bestimmte gewonnene Einsicht; einfach für alles Gute, Schöne, vielleicht auch für das Schwere, das uns zumindest einen Schritt weitergebracht hat. Ebenso nehme ich wahr, was mich beunruhigt und was das Wasser meiner Seele trübt: vielleicht ein Streit, ein gehässiges Wort, eine Unklarheit, eine Unaufmerksamkeit oder Missverständnisse. All das Unversöhnte in mir lege ich in die Hände Gottes, übergebe es und bitte Gott um neue Kraft, Offenheit und Frieden. Und wenn nötig auch um Frieden, Segen, Licht und Liebe für andere Menschen. Und so wie jede Tagesschau im Fernsehen oder Radio mit den Wetteraussichten endet, empfiehlt Ignatius im Gebet der liebenden Aufmerksamkeit am Ende vorauszuschauen auf die nächste Zeit und Gott zu bitten um neue Kraft und neues Licht für den kommenden Tag. Das Gebet beende ich dann zum Beispiel mit meinem Lieblingsgebet, einem Abendgebet oder einer Verneigung.

Selbstreinigung

Manche kritisieren, das Beten sei nichts als ein Selbstgespräch und diene bloß der eigenen Psychohygiene. Das glaube ich nicht. Und wenn das Gebet den positiven Nebeneffekt der inneren Reinigung hat, ist daran nichts auszusetzen.

Wenn ich während des Betens in die tiefe und ehrliche Selbstbegegnung gelange, kann ich die vielen dunklen Stellen, das Geröll und den Mist, der in Herz, Seele und Körperzellen abgelagert ist, vor Gott hinhalten und übergeben. Ich kann um das wandelnde Licht bitten, das der auferstandene Christus ausstrahlt. Auf diese Weise kann mancher Eisbrocken in mir gebrochen oder geschmolzen werden.

Für mich ist jeweils der Beginn des Gottesdienstes der Ort, wo ich bewusst all das, was mich belastet, Christus in die Hände lege. Und auch bei der Wandlung des Brotes lege ich im Geiste nochmals ganz bewusst alles in diese Schale hinein, was in meinem Herzen, in meinen Beziehungen, an meinem Arbeitsplatz wie auch in der Welt überhaupt der Wandlung bedarf.

Selbstmotivation

Wenn ich bete, gebe ich meinen Gedanken und Gefühlen eine klare Richtung. Ich kreise nicht mehr um mich selbst, ich mache schon einen ersten Schritt aus meinem Ohnmachtgefühl heraus. Wenn ich mein Verlangen und meine Sehnsucht Gott mitteile, wirkt dies als ein ermutigender Kraftstrom auf mich zurück. Die Sterbenden und Kranken, die Armen und die Kinder brauchen selbstverständlich mein Gebet. Gleichzeitig kehren all diese Bitten zu mir zurück als Aufforderung zum Handeln und Kraft zur Tat. Auch das Klagen über den Nachbarn, den Chef, die Kirche, die Politiker, die Wirtschaft und über die Schöpfung kehrt wie ein Bumerang zu mir zurück und ruft mich zum Handeln hier und jetzt. Das Beten weitet mein Herz und bricht die Seele auf.

Heilmittel für die Welt

Zweifellos gibt es das Gebet, in dem Menschen dazu neigen, ihre eigene Verantwortung zu delegieren im Sinn von »Lieber Gott, mach mal ...!« Und es gibt Gebetsformen, die von einer gewissen Weltflucht und Realitätsferne zeugen. In den meisten Fällen aber öffnet uns das Beten auf die Welt hin. Und mehr als das: Es wird zum Heilmittel für die Menschen und die Umwelt. Ich habe früher hin und wieder an der Sinnhaftigkeit von kontemplativen Orden gezweifelt, wo Nonnen und Mönche ihr ganzes Leben damit verbringen, hinter den Mauern zu beten. Ich fand, dass sie mehr für Gott tun würden, wenn sie sich mitten in der Welt für die Armen und Leidenden einsetzen würden. Heute denke ich ganz anders. Ich behaupte, dass das Gebet der Kartäuserinnen und Trappisten, der Karmeliter und Franziskanerinnen in den geschlossenen Klöstern oft politischer ist als die operative Hektik von Gassen-Arbeitern, Demonstranten und Aktivisten bei WWF und Greenpeace. Als ich vor drei Jahren in einer enormen Not war, weil die Behörden einen Flüchtling abschieben wollten, den ich illegal beherbergt hatte, war ich über Monate hinweg nahe am Zusammenbrechen. Hin und wieder erhielt ich ein kleines Kärtchen vom nahen Kloster auf dem Gubel, in der mir die Oberin versicherte, dass sie jeden Tag für das Schicksal des Flüchtlings beten würden. Mir kamen immer wieder die Tränen, wenn ich an die Schwestern dachte. In sehr vielen Situationen war mein Wissen um ihr Gebet die einzige Kraft, die ich noch in mir spürte. Das ist nur ein Beispiel von wahrscheinlich vielen tausend Situationen, in denen das stille Gebet hinter den Mauern mitten auf dem Marktplatz Früchte trägt. Beten macht solidarisch. Nur wer innerlich völlig abgespalten lebt, kann für die Nöte in der Welt beten, ohne dass ihm das Leiden von Mensch und Umwelt nahe geht und tief berührt – anders als beim Schauen der Nachrichten im Fernsehen, wo die meisten Menschen ihren inneren Schutzpanzer anschnallen, um sich gegen all das gezeigte Leid zu immunisieren.

- Welche der behandelten »Funktionen« des Gebets treffen für mein Leben zu – und wie?
- Welche weiteren »Funktionen« erfüllt das Gebet für mich?

V Wie beten?

»Ein gutes Gebet soll nicht lang sein,
auch nicht lange hingezogen werden,
sondern es soll oft und herzlich sein.« *Martin Luther*

Die Apostel baten Jesus vor 2000 Jahren: »Lehre uns beten!« Jesus lehrte sie dann bekanntlich das »Vaterunser«, das für die meisten Christinnen und Christen bis heute das bekannteste und meist praktizierte Gebet ist.

Früher war das Beten insofern schwieriger als heute, weil es mit viel mehr Zwang und Kontrolle verbunden war als heute. Es war auch stark formalisiert. Das freie persönliche Formulieren von Gebeten war nicht üblich, schon gar nicht in der Kirche. Einfacher war das Beten früher, weil man nie lange studieren musste, was und wie man beten soll, die Formen und Inhalte waren klar vorgegeben. Heute ist es mit dem Beten ähnlich wie mit dem Waschmittel im Supermarkt. Es gibt eine unendliche Fülle und Verschiedenheit an Möglichkeiten. Die Vielfalt an Gebetsformen heute ist zwar ein Reichtum und Fortschritt, führt aber bei manchen Leuten zu Verunsicherung und Zweifeln. Bete ich richtig? Gibt es gutes und besseres Beten? Ist es o. k., wenn ich einfach mit Gott rede und erzähle, was mich so bedrückt und freut? Kann man es als Gebet bezeichnen, wenn ich achtsam durch den Wald spaziere oder dem Sonnenuntergang zuschaue und innerlich »Danke!« sage? Kann mein Gesang und mein Tanz Gebet sein? Ist das Beten mit oder ohne Worte und Bilder besser? Muss ich mich dafür schämen, wenn ich den Rosenkranz meditativ finde und abends meine Kindergebete zu den Schutzengeln spreche?

So verschieden die Menschen sind, so verschieden ist auch die Art zu beten bzw. nicht zu beten. Ältere Menschen beten in der Regel anders als junge, Frauen anders als Männer, Eltern anders als Singles, Afrikaner anders als Europäer, Todkranke anders als Spitzensportler, Obdachlose anders als Lottomillionäre, Depressive anders als Optimisten, erfolgsorientierte Enneagramm-3-er anders als romantisch-künstlerische 4-er, dynamische Sternzeichen-Schützen anders als verträumte Fische, Juden anders als Muslime, Behinderte anders als Professoren.

Das Gebet verändert sich auch im Verlauf des Lebens eines Menschen. Es will mit uns erwachsen werden. Gleichzeitig steckt zeitlebens in jedem Menschen das Kinder-Ich, das Mädchen-Knabe-Ich, das Frau-Mann-Ich, das Mutter-Vater-Ich sowie das Weisen-Ich. Und mit all meinen Teilpersönlichkeiten wende ich mich zu Gott – mal mehr mit dieser, mal mehr mit jener Seite und Stimme in mir. Dies war offenbar auch dem Augsburger und Regensburger Bischof *Johann Michael Sailer* (1751–1832) bekannt, der während der Aufklärung ganz Deutschland zum Glauben ermutigte:

»Gib mir, o Herr, ein kindlich Herz zum Glauben, ein mütterliches Herz zum Lieben, ein männliches Herz zum Handeln! Gib mir zur Kindlichkeit im Glauben Gewissheit! Zur Mütterlichkeit im Lieben Lauterkeit und Innigkeit! Zur Mannhaftigkeit im Handeln Demut und Zuversicht! Dann bin ich reich genug, und alle meine Gebete sind erhört.«

Man sagt, die Wahrheit komme aus dem Mund von Kindern. Als ich in Zürich 10-jährigen Kindern Religionsunterricht erteilte, lehrte ich sie das freie Beten. Das war sehr interessant. Zuerst kamen bei ihnen immer die Gebete für die kranken und entlaufenen Meerschweinchen, Hamster, Hasen und Katzen. Dann die Bitten für die verunglückten oder kranken Großeltern. Und am Ende wurde auch noch für die eigene Kleinfamilie gebetet oder für globale Anliegen.

Beten lernen kann man zum Glück ein Leben lang. In den Gebetskursen, die ich regelmäßig erteile, tröstet es mich immer, wenn auch 80-Jährige noch mit dem Gebet ringen. Manche von ihnen blühen auf, wenn sie das Gebet der alternden Mystikerin *Teresa von Avila* hören:

»Gott, du weißt besser als ich, dass ich von Tag zu Tag älter und eines Tages alt sein werde. Bewahre mich davor, schwatzhaft zu werden und vor der fatalen Einbildung, bei jeder Gelegenheit und zu jedem Thema etwas sagen zu müssen. Hilf mir einzusehen, dass mir meine Nächsten wohl gesinnt sind, wenn sie mir nach und nach Aufgaben abnehmen und meine Ansichten immer seltener zu suchen scheinen. Befreie mich vom

Stolz über meine Weisheit, die ich gelernt habe, befreie mich von der Illusion, dass ich unersetzlich bin. Wenn meine Sinne abnehmen, so schenk mir Geduld und Kraft, und bewahre mich davor, dass der Eigensinn umso mehr wächst. Erlöse mich von der großen Leidenschaft, die Angelegenheiten anderer ordnen zu wollen. Lehre mich, nachdenklich – aber nicht grüblerisch –, hilfreich – aber nicht diktatorisch – zu sein. Bewahre mich vor der Aufzählung endloser Einzelheiten und verleihe mir Schwingen, um zur Pointe zu gelangen. Bei meiner ungeheuren Ansammlung von Weisheit erscheint es mir je schade, sie nicht weiterzugeben – aber du verstehst, o Gott, dass ich mir ein paar Freunde erhalten möchte. Lehre mich die wunderbare Weisheit, dass ich mich irren kann. Lehre mich schweigen über meine Krankheiten und Beschwerden. Sie nehmen zu – und die Lust, sie zu beschreiben, wächst von Jahr zu Jahr. Ich wage nicht die Gabe zu erflehen, mir Krankheitsschilderungen anderer mit Freude anzuhören – aber lehre mich, sie geduldig zu ertragen. Hilf mir im steten Loslassen von irdischen Dingen, um Dein Geheimnis der Zeit immer tiefer zu erfassen. Lehre mich im Abgeben von Ämtern und Arbeiten, um mich zu erneuern im Vertrauen auf Deine Vorsehung. Lass mich weiterhin nützlich sein, indem ich der Welt meinen Optimismus widme und mit meinen Gebeten die Menschen unterstütze, die eifrig und mutig in Deinem Weinberg dienen. Erhalte mich so liebenswert wie möglich. Ich möchte keine Heilige sein – mit ihnen lebt es sich so schwer. Aber ein alter Griesgram und eine

Jammertante sind die Krönungswerke des Teufels. Lehre mich, an anderen Menschen unerwartete Talente zu entdecken, und verleih mir, o Gott, die schöne Gabe, sie auch zu erwähnen. Bewahre in mir die Offenheit für die Veränderungen in der Welt, ohne Tränen über das Vergangene zu vergießen. Lass meine Schmerzen und Leiden ein Beitrag sein für die Geburt einer neuen, geeinten Menschheit. Vergib mir, wenn ich erst jetzt in meiner Ruhe erkenne, wie sehr Du mich geliebt und mir geholfen hast. Schenk mir noch die Zeit und die Kraft, um Unversöhntes in meinem Leben zu klären. Lehre mich nun die letzte Phase meines Lebens freudig annehmen, das Du Schritt für Schritt seit meiner Geburt begleitet hast. Lass mich im letzten Atemzug vertrauensvoll in deine Hände fallen, die mich in Liebe geschaffen und stets treu getragen haben.«

Gerade beim Bittgebet kann ich üben, von der Kind-Rolle immer mehr ins Erwchsenen-Ich zu gelangen. Wenn Jesus sagt, wir sollten werden wie die Kinder, so meinte er sicher nicht, dass wir alle Verantwortung für unser Tun niederlegen sollen, sondern dass wir uns im vorbehaltlosen Vertrauen üben sollen. Eine Frucht des Betens ist, dass sich die Vorstellung eines Herrschaftsverhältnisses zwischen Gott und dem Menschen in ein gegenseitiges Liebesverhältnis verwandelt.

So wie wir in einer Partnerschaft nie ganz genau wissen, ob wir das Richtige sagen, wissen wir es auch im Gebet nicht. Der Bedeutungsgehalt von Gebeten lässt sich nicht nach den logischen Kriterien von gut und falsch bestimmen. Der betende Mensch will Gott weder informieren und aufklären noch motivieren und überzeugen. Wie ich beten soll, ist weniger eine Frage der Technik und Methode als vielmehr der inneren Haltung: Am richtigsten ist ein Gebet, wenn es von Herzen kommt, ehrlich ist und spontan, wie es die folgende russische Legende zeigt:

»Eines Abends spät merkte ein armer Bauer auf dem Heimweg vom Markt, dass er sein Gebetbuch nicht bei sich hatte. Und es berührte ihn, dass dieser Tag vergehen sollte, ohne dass er seine Gebete verrichtet hatte. Also betete er:

›Ich habe etwas sehr Dummes getan, Herr. Ich bin heute früh ohne mein Gebetbuch von zuhause fortgegangen, und mein Gedächtnis ist so schlecht, dass ich kein einziges Gebet auswendig sprechen kann. Deshalb werde ich Folgendes tun: Ich werde fünfmal das ganze ABC aufsagen, und du, der du alle Gebete kennst, kannst die Buchstaben zusammensetzen und daraus die Gebete machen, an die ich mich nicht erinnern kann.‹

Und Gott sprach zu seinen Engeln:

›Von allen Gebeten, die ich heute gehört habe, ist dieses ohne Zweifel das beste, weil es aus einem einfachen und ehrlichen Herzen kam.‹«

Diese Haltung der einfachen, kindlichen Seele hat nichts mit einem einfachen Gemüt und bescheidener Intelligenz zu tun, im Gegenteil. Um im Gebet die kindliche Offenheit gegenüber Gott zu erlangen, bedarf es eines langen inneren Prozesses:

»Wie groß ist doch die Macht des Gebets! Man könnte es mit einer Königin vergleichen, die immer freien Zutritt zum König hat und alles erlangt, worum sie bittet. Es ist durchaus nicht nötig, ein schönes, für den entsprechenden Fall formuliertes Gebet aus einem Buch zu lesen, um Erhörung zu finden. Träfe das zu, wie wäre ich zu bedauern! Ich könnte sie nicht alle beten, und weil ich nicht weiß, welches ich auswählen soll, mache ich es wie Kinder, die nicht lesen können: Ich sage Gott ganz einfach, was ich ihm sagen will, ohne schöne Worte zu machen, und er versteht mich. Für mich ist das Gebet ein einfacher Blick zum Himmel, ein Ruf der Dankbarkeit und der Liebe, aus der Mitte der Mühsal wie aus der Mitte der Freude. Es ist etwas Großes, was mir die Seele weitet und mich mit Jesus vereint.« *Therese von Lisieux*

Es ist die Haltung des einfachen Herzens, die beim Beten aus Samen Früchte werden lässt. Wie jemand betet, ist sekundär. Entscheidend ist, wie jemand, die oder der betet, ganz konkret lebt, auf andere Menschen zugeht und mit der Umwelt umgeht.

»Gott sind die Werke gleich
Der Heil'ge, wenn er trinkt
gefallet ihm so wohl
als wenn er bet' und singt.« *Angelus Silesius*

Neben dem einfachen Herzen und einem bescheidenen Leben gibt es beim Beten noch eine zweite Haltung, die nicht genügend oft und stark betont werden kann. Teresa von Avila nennt sie die »entschlossene Entschlossenheit«. Die spanische Mystikerin ist in diesem Punkt radikal. Und so wie sie das Wort prägte: »Wenn Fasten, dann Fasten, wenn Rebhuhn, dann Rebhuhn«, fordert sie die Menschen auch stark heraus, beim Beten keine halben, lauen Sachen zu machen, auch wenn sie noch so fromm ausschauen.

Das Gebet kann in verschiedene Stufen oder Dimensionen eingeteilt werden. Eine klassische Einteilung ist die der *lectio* (geistliche Lesung) – *meditatio* (Reflexion über die Bedeutung der Lektüre) – *oratio* (Gebet, Lob, Dank) – *contemplatio* (stilles Betrachten) – *consolatio* (Erspüren von Trost) – *discretio* (Unterscheidung der verschiedenen Gemütsregungen) – *deliberatio* (Treffen einer Wahl) – *actio* (Handeln). An dieser Einteilung gefällt mir besonders, dass der Entscheidungsprozess und das Engagement auch als Teil des Betens betrachtet werden.

Der spanische Mystiker *Francisco de Osuna* (1492–1542) schuf mit seinem »Geistlichen ABC« die Grundlage für die verschiedenen Gebetsweisen, wie sie in unserem Kulturkreis bis heute gepflegt werden: das mündliche Gebet, des betrachtende Herzensgebet und das kontemplative Gebet der Liebe. Zum mündlichen Gebet gehören alle formulierten Gebete, wie wir sie zu Gott sprechen. Das Vaterunser bezeichnet er als das segensreichste, weil es uns von Jesus geschenkt wurde. Das betrachtende Herzensgebet erfolgt ohne Worte. Es ist das Herz, das still zu Gott spricht. Und die dritte Weise des Betens ist das kontemplative oder innere Gebet. Osuna verdeutlicht die drei Weisen des Betens mit anschaulichen Bildern: »Die erste Gebetsweise ist wie ein Sendschreiben, das wir unserem Freunde zuschicken; die zweite, als schickten wir es jemandem, der uns eng verbunden ist; die dritte, als überbrächten wir es persönlich. Die erste Art küsst die Füße, die zweite die Hände, die dritte küsst den Mund. Die erste basiert auf dem Glauben, den man mit dem Mund bekennt; die zweite auf der Hoffnung, die man im Herzen trägt; die dritte auf der Liebe, die wir in Werken erweisen müssen. Die erste gehört zur Läuterung, die zweite zur Erleuchtung, die dritte zur Vollkommenheit. Sie bilden eine dreistufige Entwicklung. Mit dem ersten Gebet vervollkommnet man das Vorstellungsvermögen, mit dem zweiten den Verstand, mit dem dritten den Willen.«

In Anlehnung an Osuna habe ich folgende Einteilung gewählt:

Formuliertes Gebet – Persönliches freies Gebet – Bitte, Dank, Lob, Klage, Buße, Fluch – Gebet mit Texten – Gebet mit Bildern – Gebet mit dem Körper – Gebet des Herzens – Gebet der Vereinigung – Gebet des Tuns

Formuliertes Gebet

Die Gebetsweise, die den meisten Menschen seit der Kindheit bekannt ist, sind die formulierten Gebete, die wir alleine oder in Gemeinschaft sprechen: Kindergebete, Morgen- und Abendgebete, Tischgebete, das »Vaterunser«, das »Gegrüßt seist du, Maria«, der Rosenkranz, das »Bruder-Klausen-Gebet« oder andere vertraute Worte. In allen Religionen kennt man fest formulierte Gebete. Juden beten dreimal täglich das »Schma Jisrael«. Unter den Psalmen, von denen sie viele auswendig kennen, sind interessanterweise die meisten Klagegebete, mehr noch als Lobpreis-, Dank- und Bittpsalmen.

Ich habe die fest formulierten Gebete lange Zeit etwas despektierlich betrachtet, für Menschen, denen nichts anderes einfällt im Dialog mit Gott. Inzwischen habe ich diese Gebete in verschiedenen Lebenssituationen neu entdeckt. Da ich mit öffentlichen Verkehrsmitteln reise, verbringe ich oft »tote« Zeiten an Bus-Stationen und auf Bahnsteigen. Das Warten, bis der Computer hochgefahren ist, das Stehen vor einer Kasse im Warenhaus ist oft unerträglich. Statt mich darüber zu ärgern, bete ich heute einfach das »Vaterunser« und gelange dadurch in eine große Ruhe inmitten des Gewimmels. Nachdem die Freunde Jesu ihren Rabbi vor gut 2000 Jahren aufgefordert hatten, sie beten zu lehren, vertraute er ihnen dieses einfache und gleichzeitig allumfassende Gebet an, das den Christinnen und Christen bis heute vertraut ist.

»Vater unser im Himmel,
geheiligt werde dein Name.
Dein Reich komme,
dein Wille geschehe,
wie im Himmel, so auf Erden.
Unser tägliches Brot gib uns heute.
Und vergib uns unsere Schuld,
wie auch wir vergeben unsern Schuldigern.
Und führe uns nicht in Versuchung,
sondern erlöse uns von dem Bösen.
Denn dein ist das Reich und die Kraft
und die Herrlichkeit, in Ewigkeit. Amen.«

Als ich etwa neun Jahre alt war, fragte uns die Nonne im Religionsunterricht, wie viele »Vaterunser« der Schweizer Landespatron Nikolaus von Flüe, auch »Bruder Klaus« genannt, auf seiner jährlichen Wallfahrt vom Ranft nach Einsiedeln gebetet hätte. Da er im 15. Jahrhundert zu Fuß ging und die Strecke etwa 100 Kilometer weit ist, tippten wir auf 1000–10 000 Gebete. Wir staunten nicht wenig, als sie erzählte, dass der Eremit nur ein einziges »Vaterunser« über die Lippen gebracht hätte. Tatsächlich lädt dieses Gebet bis heute immer wieder neu zum Verweilen und Meditieren, zum Nachdenken und zum Zwiegespräch mit Gott ein. Dies bestätigten mir auch einige meiner Bekannten, die ich darum bat, mir ihr Lieblingsgebet zu nennen:

»Als Kind habe ich nicht viel christliche Nahrung erhalten, aber ich bin sehr dankbar, dass ich das Vaterunser in der Primarschule gelernt habe und auch am Gymnasium einen Lehrer hatte, der uns dieses rezitieren ließ. Eine jüdische Mitschülerin ließ sich jeweils bei diesem Gebet entschuldigen. Ich konnte nicht verstehen, dass jemand dieses Gebet anstößig finden konnte, zumal Jesus doch zeitlebens Jude war und Christen wie Juden zum selben Gott und Vater beten.« (Frau, 49 Jahre)

»Mein Lieblingsgebet ist das Vaterunser, jedoch auf Rätoromanisch. Der Satz ›Dein Wille geschehe wie im Himmel so auf Erden‹ gibt mir immer sehr viel Kraft und Zuversicht. Dieser Satz ist so geheimnisvoll, lässt darum so viel Hoffnung entstehen und spendet mir persönlich extrem viel Trost.« (Mann, 42 Jahre)

Das so genannte »aramäische Vaterunser« scheint mir eine sehr schöne und zeitgemäße Form dieses Gebetes zu sein. Das aramäische Wort »abwûn« für »Vater« geht über unsere menschlichen Kategorien von »männlich« und »weiblich« hinaus:

»Gebärerin-Gebärer, Vater-Mutter des Kosmos
bündle dein Licht in uns – mache es nützlich.
Erschaffe dein Reich der Einheit jetzt.
Dein eines Verlangen wirkt dann in unserem –
wie in allem Licht, so in allen Formen.
Gewähre uns täglich,
was wir an Nahrung und Einsicht brauchen.
Löse die Stränge der Verstrickungen,
die uns binden,

wie auch wir loslassen,
was uns bindet an die Schuld anderer.
Lass oberflächliche Dinge uns nicht irreführen,
sondern befreie uns von dem, was uns zurückhält.
Aus dir kommt der all-wirksame Wille,
die lebendige Kraft zu handeln,
das Lied, das alles verschönert
und sich von Zeitalter zu Zeitalter erneuert.
Wahrhaftig – Lebenskraft diesen Aussagen!
Mögen sie der Boden sein,
aus dem all unsere Handlungen erwachsen. Amen.«

Im Lauf der Jahrhunderte ist dieses Gebet der Gebete immer wieder neu formuliert worden. Hier beispielsweise vom ehemaligen Uno-Generalsekretär und Mystiker *Dag Hammarskjöld*:

»Geheiligt werde Dein Name,
nicht der meine,
Dein Reich komme, nicht das meine,
Dein Wille geschehe, nicht der meine.
Gib uns Frieden mit Dir,
Frieden mit den Menschen,
Frieden mit uns selbst
und befreie uns von Angst.«

Die griechische Übersetzung »Abba« ist der lieblich-vertraulich-intime Ausdruck, der unserem Wort »Väterchen« entspricht. Es ist der nahe Gott, nicht jener ferne Greis auf Wolke Sieben. Wichtig ist mir auch, dass

Jesus nicht lehrte »Vater mein« oder »mein Vater«, sondern »Vater unser« beziehungsweise »Unser Vater«. Gottes Name sei geheiligt. So wie sich Juden und Muslime keine Bilder von Gott machen dürfen, so schreiben sie den heiligen Namen Gottes auch nicht auf. Gleichzeitig wurde kein Name im Universum so oft missbraucht wie der Name Gottes. Es gibt kaum ein Leid und Unrecht auf der Welt, das nicht schon im Namen Gottes erzeugt worden wäre. Die Bitte um das tägliche Brot ist eindrücklich. Das aramäische Wort »lachma« bedeutet auch Einsicht und Mitgefühl. Darum können wir nicht oft genug bitten. Jesus hat sich selbst als Brot verschenkt. Diese Tatsache hat nicht nur Christen geprägt: »Es gibt so viele hungernde Menschen in der Welt, dass Gott nur in der Form von Brot zu ihnen kommen kann.« *(Mahatma Gandhi)* Die Bitte um Vergebung müsste eigentlich lauten: »Vergib uns unsere Schuld, wie auch wir unseren Schuldigern vergeben haben.« Unser Vergeben geht nicht nur Gottes Vergeben voraus, sondern ist auch Voraussetzung dafür, dass Gottes Wille an uns geschehen kann. Diese Bitte stempelt uns nicht als ewig sündhafte Wesen ab, sondern verschont uns vor einem unreifen Entschuldigungs- und Rechtfertigungsmechanismus. Es ist unglaublich schwierig bis unmöglich, mit Menschen zusammenzuleben, die immer im Recht sein wollen, sich und anderen keine Fehler und Schwächen eingestehen können. Man kann sie vielleicht noch für ihre Makellosigkeit bewundern, aber nicht lieben. Die Bitte, nicht in Versuchung geführt zu werden, wird oft missverstanden. Spontan denkt man natürlich an die spießbürgerlichen Versuchungen, die auch lange Zeit den Beichtspiegel füllten. Warum soll man Versuchungen vermeiden wollen, sind sie doch wie jene an Jesus in der Wüste eine Chance, den Glauben und die Liebe Gott gegenüber klären und beweisen zu können. Mit der Bitte kann also nur gemeint sein, von der Situation verschont zu werden, Gott ganz grundsätzlich zu verleugnen, etwa unter Folter oder aus Angst und Opportunismus.

Übung

Gerne lade ich Sie ein, sich persönliche Gedanken zu den einzelnen Bitten zu machen und so Ihr persönliches »Vaterunser« zu formulieren. Lesen Sie sich das »Vaterunser« oben noch einmal in Ruhe Zeile für Zeile durch und schreiben Sie Ihre Gedanken auf!

Ebenso populär wie das »Vaterunser« ist – zumindest bei katholischen Christinnen und Christen – das »Gegrüßt seist du, Maria«. »Gebenedeit« will sagen: gesegnet.

»Gegrüßt seist du, Maria, voll der Gnade.
Der Herr ist mit dir.
Du bist gebenedeit unter den Frauen,
und gebenedeit ist die Frucht deines Leibes, Jesus.
Heilige Maria, Mutter Gottes,
bitte für uns Sünder,
jetzt und in der Stunde unseres Todes. Amen.«

Zu diesem Gebet hatte ich bis vor einigen Jahren keinen Zugang. Vor allem mit dem Satz »bitte für uns Sünder, jetzt und in der Stunde unseres Todes« hatte ich doppelt Mühe. Erstens sehe ich uns Menschen nicht bloß in der Sünder-Rolle, und zweitens gibt es Angenehmeres, als ständig an die Todesstunde erinnert zu werden. Dieses belastete Verhältnis änderte sich schlagartig, als ich mich vor einigen Jahren bei einer Skitour bei der Abfahrt verfahren habe. Ich gelangte in einen romantischen steilen Bergwald und landete auf einmal in einer Grube, wo ich bis über den Kopf im Schnee begraben lag. Vergeblich versuchte ich mich zu befreien, ich war weit und breit alleine. Im Rucksack hatte ich weder Essen noch Getränke. Ich war fertig mit der Welt. Von meinem Vater, der häufig Hochgebirgstouren unternahm, wusste ich, dass Menschen in Lawinen in ein psychisches Hoch fallen und gar nicht mehr hinaus wollen, wenn sie eine gewisse Phase überschritten haben. Ich stand vor einer Wahl: mit dem Leben abschließen oder kämpfen. Ich war todmüde. Und ich weiß nicht wie, aber es betete auf einmal in mir: »Gegrüßt seist du, Maria…!« Ich war völlig überrascht, dass mir dieses Gebet kam, und ich sprach es wohl zwei- bis dreimal sehr andächtig. Es führte mich von dem großen Stress in eine tiefe Ruhe und Zuversicht hinein. Und ich spürte, dass ich den Weg hinauswagen durfte und dass ich offenbar meine Lebensaufgabe noch nicht erfüllt hatte. Ich konnte mich von den Skiern befreien, musste sie aber in der Grube zurücklassen und stapfte schnurgerade den steilen und tief verschneiten Wald hinunter, manchmal stürzte ich nur einen Meter runter, manchmal wieder mehrere Meter. Unten war ich fix und fertig.

Es gibt das Sprichwort: »Not lehrt beten.« In meinem Fall lehrten mich wiederholte Schicksalsschläge in den letzten Jahren vor allem die Rück- oder besser gesagt Hinkehr zu einem traditionellen fest formulierten Gebet.

Zu den fest formulierten Gebeten gehören auch Morgen-, Abend- und Tischgebete. Die traditionellen Texte sind nicht einfach schlecht, weil sie traditionell sind. Es ist aber immer wieder zu prüfen, ob nicht hin und wieder zeitgemäßere Formulierungen notwendig wären. Es gibt eine Fülle von Abendgebeten, die auch heute noch Kindern weitergegeben werden:

»Ich höre ein Glöcklein, das läutet so nett,
der Tag ist vergangen, jetzt geh ich ins Bett.
Im Bett will ich beten und schlafe dann ein,
der lieb' Gott im Himmel wird auch bei mir sein.«

»Schutzengel mein,
lass mich dir empfohlen sein.
Tag und Nacht, ich bitte dich,
beschütz, regier und leite mich.
Hilf mir leben gut und fromm,
dass ich zu dir in' Himmel komm.«

»Müde bin ich, geh zur Ruh',
schließe beide Äuglein zu.
Vater, lass die Augen dein
über meinem Bette sein!
Hab ich Unrecht heut getan,
sieh es, lieber Gott, nicht an!
Deine Gnad' und Jesu Blut
machen allen Schaden gut.
Alle, die mir sind verwandt,
Gott, lass ruhn in deiner Hand!
Alle Menschen, groß und klein,
sollen dir befohlen sein.
Kranken Herzen sende Ruh',
nasse Augen schließe zu!
Lass den Mond am Himmel stehn
und die stille Welt besehn!« *Luise Hensel*

Mein bevorzugtes Abendgebet für Erwachsene stammt von *Dag Hammarskjöld*:

»Jeder Tag der erste, jeder Tag der letzte –
jeder Tag ein Leben.
Jeden Morgen die Schale unseres Lebens
hinhalten, um aufzunehmen.
Jeden Abend die Schale
leer hinreichen und zurückgeben.
Was war, soll sich nur spiegeln
in ihrer Klarheit, Form und Weite.«

Auch das Abendlied von *Matthias Claudius* »Der Mond ist aufgegangen, die goldnen Sternlein prangen am Himmel hell und klar ...« hat bis heute seine Gültigkeit und Schönheit bewahrt.

In meiner Herkunftsfamilie haben wir das Tischgebet irgendwann in den 70er Jahren abgeschafft. Oft war ich als 8- bis 12-Jähriger über Mittag bei meinem Freund Yvo zum Essen eingeladen, wo am Tisch selbstverständlich gebetet wurde, was mir zwar altmodischer vorkam als bei uns daheim, aber es wirkte glaubwürdig auf mich. Manchmal kam mir dabei allerdings der Witz in den Sinn, in dem ein Schüler auf dem Heimweg seinen Freund fragt: »Sag, betet ihr auch vor dem Essen?« »Nein«, entgegnete ihm dieser, »meine Mutter kann kochen.« Im Bildungszentrum Lassalle-Haus, das ich heute leite, schweigen wir jeweils vor dem Essen eine Minute lang für Frieden und Versöhnung in uns und in der Welt. Ich empfinde das als eine sehr willkommene Zäsur im Alltag, die uns auf einfache Weise immer wieder in Erinnerung ruft, für den Frieden da zu sein. Wenn ich mit den älteren Mitbrüdern esse, werden auch eher die traditionellen Tischgebete gesprochen:

»Komm, Herr Jesus, sei unser Gast
und segne, was du uns bescheret hast.«

Nikolaus Ludwig von Zinzendorf

»Aller Augen warten auf dich, o Herr,
du gibst uns Speise zur rechten Zeit.
Du öffnest deine Hand und erfüllst alles,
was lebt, mit Segen. Amen.«

»Segne uns und diese Gaben,
die wir jetzt von Deiner Güte empfangen werden.
Durch Christus, unseren Herrn. Amen.«

»O Gott, von dem wir alles haben,
wir danken dir für diese Gaben.
Du speisest uns, weil du uns liebst.
O segne auch, was du uns gibst. Amen.«

»Guter Gott
Bevor ich esse und trinke
will ich Mensch sein und innehalten
    Ich will verstehen, was ich tue
    sehen, was ich esse
    erkennen, wem ich zu danken habe
Öffne mich für dieses Mahl
    für die Gaben auf dem Tisch
    für die Erde, die uns nährt
Gib mir Augen und Ohren für alle
    die mit mir am Tisch sitzen
Segne alle, denen ich dieses Mahl verdanke
    die Tiere und die Pflanzen,
    den Bauern und die Bäckerin
    die Lastwagenfahrer und Verkäuferinnen
    alle, die kochen und den Tisch decken

Erfüll alles, was ich esse, mit deinem Leben
Lass mich Dich erkennen, *Du* guter Gott. Amen.«

Anton Rotzetter

Würden Kinder die Tischgebete kreieren, würden sie wohl lauten: »Lieber Gott, mach, dass die Vitamine vom Spinat in den Vanille-Pudding kommen und das Wetter morgen auch schön wird, wenn ich den Teller nicht leer essen mag.«

Während des Tages und auch bei Gottesdiensten verwende ich sehr gerne das so genannte »Gebet der Vereinten Nationen«. Der in Bethlehem geborene US-amerikanische Poet *Stephen Vincent Benét* schrieb es für Präsident Franklin D. Roosevelt, der es am UNO-Hauptsitz am 14. Juni 1942 vortrug:

»Unsere Erde ist nur ein kleines Gestirn
im großen Weltall.
An uns liegt es, daraus einen Planeten zu machen,
dessen Geschöpfe nicht von Kriegen
gepeinigt werden,
nicht von Hunger und Furcht gequält,
nicht zerrissen in sinnlose Trennung
nach Rasse, Hautfarbe oder Weltanschauung.
Gib uns den Mut und die Voraussicht,
schon heute mit diesem Werk zu beginnen,
damit unsere Kinder und Kindeskinder
einst freudig und stolz den Namen Mensch tragen.«

Auch das folgende Gebet vom Schweizer Landespatron *Nikolaus von Flüe* (1421–1487) verwende ich gerne persönlich und bei der Messe vor der Kommunion, weil es unsere Mühe ernst nimmt, uns stets innig mit Gott verbunden zu fühlen:

»Mein Herr und mein Gott,
nimm alles von mir,
was mich hindert zu dir.
Mein Herr und mein Gott,
gib alles mir,
was mich führet zu dir.
Mein Herr und mein Gott,
nimm mich mir
und gib mich ganz zu Eigen dir.«

Dieses Gebet ist auf Grund der enthaltenen Radikalität mindestens so gefürchtet wie beliebt. Bei manchen Betenden und Singenden sieht man da und dort feuchte Augen, weil es sie an die eigene Kindheit oder an liebe Verstorbene erinnert. Als ich vor zwei Jahren meinen krebskranken Vater fragte, wie er seine Beerdigung gestaltet haben möchte, meinte er nur: »Das Bruder-Klausen-Gebet würde mich freuen. Ich bete es jeden Tag.« Und so gehöre auch ich nicht selten zu der Gruppe, die beim Sprechen dieses Gebets melancholisch wird.

Persönliches freies Gebet

Unser Leben gleicht einem Wechsel von Romanze und Ironie, Komödie und Tragödie. Das schlägt sich auch im Gebet nieder. Mal neigen wir in der Zwiesprache mit Gott mehr zum Dank, andere Male mehr zur Bitte, zum Lob, zur Klage oder gar zum Fluch. Alle Formen haben ihre Berechtigung. Und alle Formen haben auch eine lange Tradition. Wer meint, er liege mit seinen Klagen und Flüchen Gott gegenüber irgendwie nicht ganz richtig, sollte mal wieder die Bibel zur Hand nehmen und etwas in den Psalmen oder in den Klageliedern blättern.

Es lohnt sich, die grundlegenden Gebetstypen näher zu betrachten: Dank, Bitte, Lob, Klage, Buße und Fluch.

Dankgebet

»Vielen Dank für die Wolken.
Vielen Dank für das Wohltemperierte Klavier
und, warum nicht, für die warmen Winterstiefel.
Vielen Dank für mein sonderbares Gehirn
und für allerhand andere verborgne Organe,
für die Luft, und natürlich für den Bordeaux.
Herzlichen Dank dafür,
dass mir das Feuerzeug nicht ausgeht,
und die Begierde, und das Bedauern,
das inständige Bedauern.
Vielen Dank für die vier Jahreszeiten,

für die Zahl e und für das Koffein,
und natürlich für die Erdbeeren auf dem Teller,
gemalt von Chardin, sowie für den Schlaf,
für den Schlaf ganz besonders,
und, damit ich es nicht vergesse,
für den Anfang und das Ende
und die paar Minuten dazwischen
inständigen Dank,
meinetwegen für die Wühlmäuse
draußen im Garten auch.«

Hans Magnus Enzensberger

Die Dankbarkeit erkennt das Leben und jeden Augenblick mit allem, was er enthält, als Geschenk. Dankbare Menschen stimmen innerlich zu, dass sie alles, was sie haben und sind, von anderen empfangen haben: die Sprache, die sie sprechen, das Zimmer, in dem sie wohnen, die Freiheit, die sie genießen, ihr Denken und Fühlen, ja das Leben überhaupt. Dankbarkeit ist anerkannte positive Abhängigkeit. Dankbare Menschen können darum nicht gleichzeitig unglücklich sein. Es überrascht mich nicht, dass viele Menschen ihre tiefsten religiösen Erfahrungen in Momenten tiefster Dankbarkeit machen: beim Anblick einer frisch verschneiten Winterlandschaft oder beim Bad in einem kühlen See, beim verträumten Betrachten des Sonnenuntergangs oder beim Trinken eines feinen Burgunders, bei leidenschaftlichem Sex oder in einem tiefen Gespräch, beim Hören einer Donizetti-Arie oder beim Betrachten eines Bildes von Caravaggio.

»Je älter ich werde, umso mehr wird mein Beten zum Danken im Alltag. Einfach so. Ich betrachte Berge und danke. Ich erkenne kleine Ringe im Wasser, staune über den Reichtum der Natur und danke. Nach dem stillen inneren Danken erkläre ich jeweils auch meinen Kindern, dass ich dankbar bin. Sie sollen spüren, dass wir diese Natur, dieses Leben, unsere Freizeit und all das Schöne und Lebendige nur für eine kurze Zeit zur Verfügung erhalten und dass wir dafür einfach dankbar sein können. Wenn wir dankbar sind, ist es einfacher, alles auch wieder loszulassen.« (Frau, 40 Jahre)

Bittgebet

»Gib mir Kraft für einen Tag!
Herr, ich bitte nur für diesen,
dass mir werde zugewiesen,
was ich heute brauchen mag.
Jeder Tag hat seine Last,
jeder Tag bringt neue Sorgen,
und ich weiß nicht, was für morgen
du mir, Herr, beschieden hast.
Aber eines weiß ich fest,
dass mein Gott, der seine Treue
täglich mir bewies aufs Neue,
sich auch morgen finden lässt.
Gib mir heute deinen Geist,
dass das Band wird stark erfunden,
das mich hält mit dir verbunden

und bis morgen nicht zerreißt.
Nun, so will ich meine Bahn
ohne Sorgen weiterschreiten.
Du wirst Schritt für Schritt mich leiten,
bis mein letzter Schritt getan.« *Edith Stein*

Bittgebete bereiten mir immer dann Mühe, wenn man Gott darin so anspricht, als sei er der Weihnachtsmann, der Nikolaus, der reiche Onkel aus Amerika oder der Vater des ADAC-Pannendienstes. Das Gebet im Sinne von »Lieber Gott, mach mal ...« wälzt die eigene oder die gesellschaftliche Verantwortung auf Gott ab. Ich kann als Erwachsener nicht beten: »Gott, gib den Gastarbeitern eine Heimat bei uns, führe die Drogensüchtigen in ihr Leben zurück, hilf den Flüchtlingen in unserem Land«, wenn ich gleichzeitig nichts unternehme, um diese Not zu lindern oder die Ungerechtigkeiten zu bekämpfen.

Als ich während der Arbeit zu diesem Buch viele Gebetbücher studierte, äußerte ich gegenüber einer Freundin meinen Ärger über die vielen allzu kindlichen Gebete, die die Betenden für naiv hielten und den lieben Gott zu einem armen Teufel machten. Ich sagte ihr, dass ich mir fast nicht vorstellen könne, dass Gott sich diese Gebete überhaupt anhört. Worauf sie meinte:

»Wenn Beten tatsächlich nach dem Sender-Empfänger-Modell funktioniert, dann glaube ich, dass Gott sich diesen Schwachsinn ziemlich sicher anhört, ab und zu auf ›Durchzug‹ schaltet, wenn's gar zu arg wird, ansonsten aber auch solcherlei Beten ernst nimmt. Als ein Zeichen, dass da jemand oder einige etwas ganz Entscheidendes nicht verstanden haben. Man könnte also sagen, dass Bittgebete Gott etwas über den Zustand seiner Schöpfung mitteilen. Aber wer weiß schon, wie's wirklich ist. Wo, wenn nicht im Gespräch mit dem Göttlichen, darf sich jeder und jede äußern, ohne gemessen und bewertet zu werden? Manche werden eben im Gebet zu kleinen, unsicher formulierenden Kindern, die in Gott den gestrengen und doch grundgütigen Vater sehen. Und vielleicht haben sie Gott nie anders kennen gelernt, und das Beten auch nicht. Gilt nicht gerade beim Beten: Jeder wie er kann? Manchmal schicken mir Leserinnen unserer Zeitschrift einen Text ein mit der Bitte, ihn zu veröffentlichen. Dieser Text ist mit Sicherheit einer der besten, den diese Leserin je geschrieben hat, sonst hätte sie ihn nicht eingeschickt. Ich jedoch, die täglich mit professionell geschriebenen Texten zu tun hat, für die Lesen und Schreiben ein sinnliches Vergnügen ist, ich lese ein holprig zusammengedichtetes Etwas und frage mich, wie um alles in der Welt jemand auf die Idee kommen kann, dass das druckreif sei. Alles eine Frage der Perspektive. Alles relativ.«

Vielleicht gewöhne ich mich noch daran, dass in vielen Gebetbüchern allzu fromme und blumige Texte stehen, die ich nicht mal einem Konfliktpartner vortragen würde. Hinter der Gefahr, dass man Gott in den Bittgebeten zum Weihnachtsmann macht, liegt eigentlich ein noch tieferes Übel: dass ich nämlich Gott nicht mehr zum Ziel, sondern zum Mittel meiner Gebete degradiere. So wie es der Dichter und Mystiker Angelus Silesius treffend formulierte:

»Wer Gott um Gaben bitt', / der ist gar übel dran.
Er betet das Geschöpf / und nicht den Schöpfer an.«

Neben diesen Zerrbildern des Bittgebets gibt es aber viele Formen des Bittens, die weder ein Abdelegieren von Eigenverantwortung noch eine Form von Regression gegenüber einem Über-Ich-Gott darstellen, sondern einem reifen Verhalten entsprechen, wie es zwischen zwei liebenden erwachsenen Menschen normal und alltäglich ist. Sehr oft richten Menschen ihre Bitten nicht so sehr zum eigenen Vorteil an Gott, sondern im Sinn von Für-Bitten, also stellvertretend für andere Personen oder Gruppen.

»Ich zünde oft Kerzen an, sei es zum eigenen Trost und zur Stärkung in schwierigen Zeiten oder als Stoßgebet für andere Menschen, sei es einfach zum Genießen oder zum Denken an Verstorbene. Bei Besuchen in Kirchen zünde ich darum immer viele Kerzen an.« (Frau, 41 Jahre)

Im Bittgebet kommt der Mensch auf den Boden, wird geerdet, nimmt eine bescheidene Haltung ein und nimmt sich in seiner Bedürftigkeit an. Die Bitte ist sozusagen der »Urlaut des Betens« *(Romano Guardini)*.

Die ausgestreckte Hand des Bettlers oder des bedürftigen Kindes erhält das, wonach die Hand des Selbstzufriedenen, die seine Denkerstirn schützt, nicht greifen kann. Wer in einer Zweierbeziehung die Partnerin oder den Partner nie um etwas bittet und keinerlei Erwartungshaltung an das Gegenüber hat, riskiert auch, wenig zu bekommen, obwohl die andere Person die unausgesprochenen Wünsche und Bedürfnisse kennt. Und so scheint es vielleicht auch mit Gott zu sein. Jedenfalls vertrat der Mystiker Johannes von Kreuz die Ansicht, jemand erhalte so viel von Gott, wie er von Gott erwarte.

»Ich weiß nicht, ob man das beten nennen kann: Hin und wieder schaue ich nachts zu den Sternen und richte eine BITTE an das Universum. Dann will ich einfach was und erstaunlicherweise scheint es Dinge in Bewegung zu bringen. Natürlich selten so, wie man es will.« (Mann, 52 Jahre)

Letztlich braucht es auch keine tief schürfenden Argumente für das Bittgebet. In den heiligen Schriften wird der Mensch von Gott eingeladen und aufgefordert, Wünsche und Anliegen zu formulieren. In der Bibel der Juden ist es eindrücklich, wie oft sich Gott von menschlichen Bittgebeten hat erweichen lassen.

In den Evangelien lehrte Jesus seine Freunde zu bitten und forderte sie dazu auf. Das »Vaterunser« ist eine einzige Bitte, selbst das Reich Gottes soll man erbitten, obwohl das nicht wirklich in unseren Zuständigkeitsbereich gehört. Im Lukas-Evangelium spricht Jesus: »Bittet, dann wird euch gegeben. Wer bittet, der empfängt. Oder ist unter euch ein Vater, der seinem Sohn eine Schlange gibt, wenn er um einen Fisch bittet, oder einen Skorpion, wenn er um ein Ei bittet? Wenn nun schon ihr euren Kindern gebt, was gut ist, wie viel mehr wird der Vater im Himmel den Heiligen Geist denen geben, die ihn bitten.« (11,9-13)

Und im Johannes-Evangelium spricht Jesus: »Alles, um was ihr in meinem Namen bittet, werde ich tun, damit der Vater im Sohn verherrlicht wird. Wenn ihr mich um etwas in meinem Namen bittet, werde ich es tun.« (4,13-14)

Wenn also Mystiker und auch wir heute Gott bitten, so brauchen wir uns nicht lange zu rechtfertigen:

»O mein Herr, wie kann ich es wagen, dich um Gnaden zu bitten, nachdem ich dir so schlecht gedient? Was soll ich aber tun, du Trost aller Trostlosen, du Heil aller, die bei dir Heil suchen? Sollte es vielleicht besser sein, dir meine Nöte zu verschweigen und zu warten, bis du Hilfe sendest? Nein, gewiss nicht, denn du, mein Herr und meine Wonne, sagst selbst, wir sollen bitten, und du werdest es nicht unterlassen, uns zu geben!«

Teresa von Avila

»Gott, nimm mich an deine Hand. Ich gehe brav mit, ohne mich allzu sehr zu sträuben. Ich werde mich nicht entziehen. Was in diesem Leben auch auf mich einstürmen mag, werde ich nach besten Kräften verarbeiten. Aber schenke mir ab und zu einen kurzen Augenblick der Ruhe. Ich werde auch nicht mehr in aller Einfalt glauben, dass der Friede, falls er über mich kommt, ewig sei. Ich nehme auch die Unruhe und den Kampf auf mich, die wieder danach kommen. Ich bin gerne in Wärme und Sicherheit, aber ich werde mich auch nicht weigern, in die Kälte zu gehen, wenn nur deine Hand mich führt. Ich gehe überall mit an deiner Hand und will versuchen, nicht ängstlich zu sein. Ich werde versuchen, etwas von der Liebe, der echten Menschenliebe, die in mir ist, auszustrahlen, wo ich auch sein werde.« *Etty Hillesum*

Wichtig ist, dass man beim Bitten Gott gegenüber offen bleibt, was seine Art und Weise der Reaktion oder Hilfe betrifft. Man braucht sich bloß immer wieder den Satz des »Vaterunser« vor Augen zu halten: »Dein Wille geschehe.« In einem Brief an seine Braut schrieb *Léon Bloy*: »Wir bitten Gott um das, was uns passt, und er gibt uns das, was uns Not tut: Das sind offenbar ganz verschiedene Dinge. Gott, der uns ganz genau kennt, erhört gütig unsere Gebete und gewährt uns nicht das, was wir von ihm wünschen, sondern was wir brauchen.«

»Gott,
ich bat um Leichtigkeit und Licht,
um mühelos den geraden Weg zu gehen,
und erhielt Schwierigkeiten und Dunkel,
die mich und sensibler machten.

Ich bat um Kraft und Erfolg,
um Vieles und Großes zu leisten,
und erlebte Schwachheit,
in der ich lernte, Hilfe anzunehmen.
Ich bat um Macht und Ehre,
um bewundert und gelobt zu werden,
und erhielt Machtlosigkeit,
in der ich das Bedürfnis nach Dir entwickelte.
Ich erbat Weisheit,
um mich in allen Situation klug zu verhalten,
und wurde konfrontiert mit Problemen,
um an ihnen zu reifen.
Ich bat um Wohlhaben und Reichtum,
um unbesorgt leben zu können,
und erhielt Verstand,
um meine Ideen und Talente zu entfalten.
Ich bat um Mut und einen langen Atem,
um meine Visionen und Träume umzusetzen,
und wurde vielen Gefahren ausgesetzt,
um sie auf erfinderische Weise zu überstehen.
Ich bat um Durchsetzungsvermögen und Energie,
um mich für Gerechtigkeit zu engagieren,
und erhielt die Mühe,
Liebgewonnenes loszulassen und zu teilen.
Ich bat um Inspiration und Einfluss,
um dem Frieden in der Welt zu dienen,
und wurde mit Feindbildern konfrontiert,
um sie in Kleinarbeit zu überwinden.

Ich bat um einen wunderbaren Menschen,
um ihn von Herzen zu lieben,
und Du gabst mir viele schwierige Menschen,
um mit ihnen zu leben und zu arbeiten.
Ich bat um Gefälligkeiten
und Du gabst mir Möglichkeiten.
Ich erhielt nichts von dem, worum ich Dich bat
und erhielt alles, was ich brauche.
Gib mir auch in Zukunft nicht, was ich wünsche,
sondern lass mich nach dem sehnen,
was mich in Deine Liebe und Nähe führt.«

Die innerste Haltung beim Bittgebet ist diejenige, eins zu werden mit dem Willen Gottes. Was Gott geben wird, ist für uns das Richtige, auch wenn es uns nicht auf die Beine hilft oder wir nicht wissen, warum wir dies oder jenes jetzt ertragen müssen. Wer kann schon sagen, was wirklich das Richtige für uns ist? Für westliche Christen ist diese Haltung nicht einfach zu leben; wir sind es gewohnt, Gott zu sagen, was er wann und wo zu tun hat. Für den gläubigen Muslim nehmen sich die Verhältnisse anders aus. Jeden Plan, jedes Versprechen und jeden Wunsch beenden Muslime mit dem Zusatz: »in shâ'a 'Llâh« – »so Gott will«. Das ist keine billige Floskel, sondern Ausdruck der grundsätzlichen Lebenshaltung. Für die meisten von uns ist dies leider unverständlich geworden. Und letztlich verlangt gerade das Bittgebet die Radikalität des Glaubens:

»Glauben bleibt ein Warten
auf jemanden, der niemals kommt –
ein Bitten um etwas oder jemanden,
der nicht da ist –
und Nichtwissen, wer Gott ist.« *Huub Osterhuis*

Klagegebet

»Gott, zu dir rufe ich am frühen Morgen
hilf mir beten und meine Gedanken sammeln;
ich kann es nicht allein.

In mir ist es finster, aber bei dir ist Licht
ich bin einsam, aber du verlässt mich nicht
ich bin kleinmütig, aber bei dir ist die Hilfe
ich bin unruhig, aber bei dir ist der Frieden
in mir ist Bitterkeit, aber bei dir ist die Geduld
ich verstehe deine Wege nicht, aber du weißt [den]
rechten Weg für mich.«

Dietrich Bonhoeffer

Wenn wir gegenüber anderen Menschen jammern, suchen wir vor allem Mitleid und Verständnis, sind aber nicht unbedingt bereit für eine Änderung der Situation. Wenn wir hingegen zu Gott klagen, dann ist dies Ausdruck unseres Offenseins und unseres Schutzes vor der Immunisierung gegenüber Leid und Trostlosigkeit. Das Klagegebet ist Leidenssprache, Krisensprache, Aufschrei, zutraulicher Protest, Mittel zu Heilung und Wandlung von Trauer. Wenn ich wahrhaftig klage, muss ich meinen Kokon, mein Schneckenhaus verlassen und artikuliere die zugelassene Not an ein Du. Wenn ich klage, bin ich bereit, Hilfe anzunehmen. In der Klage vertraue ich auch darauf, dass das Gegenüber zuhört, versteht und Hilfe vermitteln kann.

»Gott, ich fühle mich furchtbar verlassen von Dir.
Es ist so leblos und trostlos in mir,
manchmal kann ich nur verzweifelte Hilferufe
von mir geben.
Wo sind die glücklichen Gefühle,
wo ist die Lebensfreude,
wo ist die Empfindung einer Gewissheit,
von einem liebenden Gott behütet und beschützt
zu werden?«

H., seit Jahrzehnten im Rollstuhl

Lobgebet

Wer andere Menschen loben kann, wer fähig ist zu positivem Feed-back, beweist hohe soziale Kompetenz. Wenn ich jemanden lobe, dann erlebe ich nicht nur, dass mein Lob der Seele meines Mitarbeiters, meiner Schülerin, meines Kindes oder meiner Sportkameradin gut tut, sondern dass das Lob auch positiv auf mich zurückwirkt. Lobgebete erheben die Seele des Preisenden. Wer danken kann, drückt sein Glück über das Beschenkt-Sein aus. Wer lobt und preist, drückt sein glückliches Staunen über die Schönheit und Größe, Güte und Kraft des Lebens, der Welt und der Schöpferkraft aus.

Gerade wenn jemand in einem emotionalen Tief steckt, können ihn Lobgebete ein Stück weit aus seinem dunklen Tal herausziehen. Ignatius von Loyola sprach jeweils vom *»agere contra«*, vom Handeln gegen die spontane Neigung oder Stimmung. Wenn jemand in Trostlosigkeit ist, soll er sich an die guten und freudvollen Tage erinnern.

Ein starkes Beispiel dafür finden wir bei Jesus am Kreuz. Er betete die ersten Zeilen des Psalms 22: *»Mein Gott, mein Gott, warum hast du mich verlassen?«* Die meisten interpretieren dieses Zitat so, dass selbst Jesus die völlige Gottverlassenheit in seinem Leben erfahren und gespürt habe. Das mag stimmen, verkennt aber den eigentlichen Wert dieses Psalms. Auch wenn Jesus nur den ersten Psalmvers über die Lippen brachte, klang in seiner Brust der gesamte Text, der in einen großen Lobpreis mündet:

»Du bist heilig, du thronst über dem Lobpreis Israels.
Zu dir riefen unsere Väter und wurden befreit,
dir vertrauten sie und wurden nicht zuschanden.
Du bist es, der mich aus dem Schoss meiner Mutter zog,
mich barg an der Brust der Mutter.
Ich will deinen Namen meinen Schwestern und Brüdern verkünden,
inmitten der Gemeinde dich preisen.

Du verbirgst dein Gesicht nicht vor dem Elend
des Armen,
du hörst auf sein Schreien.
Deine Treue preise ich in großer Gemeinde.
Alle sollen den Herrn preisen, die ihn suchen.
Aufleben soll euer Herz für immer.«

Bußgebet

»Dreieine Gottheit, ich bekenne vor dir,
dass ich wenig Glauben an meine eigenen
Möglichkeiten gehabt habe,
dass ich mich selbst nicht gleich viel geliebt habe wie
die andern,
weder meinen Körper noch mein Aussehen,
weder meine Talente noch meine Art zu sein.
Ich habe wichtige Entscheidungen anderen
überlassen,
ich habe andere mein Leben steuern lassen.
Ich habe mehr auf das Urteil anderer vertraut als
auf mein eigenes.
Ich bekenne vor dir, dass ich mein Potenzial nicht
voll entwickelt habe,
meine Bedürfnisse nicht klar angemeldet habe,
meinen Ärger und meine Wut anderen nicht gezeigt
und sie gegen mich selber gerichtet habe.
Ich bekenne vor dir, dass ich nicht wagte,
in einer gerechten Sache andere zu konfrontieren
und Auseinandersetzungen vermieden habe.

Gott, vergib mir den Zweifel an mir selbst,
richte mich auf, ermutige und ermächtige mich
und gib mir Vertrauen und Liebe zu mir selbst.«

»Umgekehrtes Schuldbekenntnis«, in Anlehnung an ein schwedisches Frauengebet

Vor allem ältere Menschen haben Religion und Kirche noch als Institution erlebt, die ihnen ständig eintrichterte, wie schlecht und sündhaft sie seien und wie sie ständig Gott beleidigten mit ihrem Denken, Reden und Tun. Darum mussten sie Buße tun und Bußgebete sprechen, um den erzürnten Gott wieder friedvoll zu stimmen. Erst die moderne Psychologie schenkte uns ein unverkrampfteres und positiveres Verhältnis zur menschlichen Schuldhaftigkeit: als Weg zu Selbsterkenntnis und Selbstwerdung mit Integration unserer Schattenseiten und Grenzen. Wer sich nicht schuldig fühlen kann und immer im Recht stehen muss, verhält sich typisch kindlich und kann einem nur Leid tun. Schuldig-Sein ist freilich nicht das erhabenste Lebensgefühl. Ich glaube aber an die Tradition der so genannten »felix culpa« – der glücklichen Schuld. Und ich möchte dies an einigen kurzen Beispielen darlegen:

»Baal Shem, der jüdische Mystiker, betete einmal zu Gott: ›Bedenke, Gott, dass du genauso mich brauchst wie ich dich. Gäbe es mich nicht, wer könnte dich dann anbeten? Und wäre ich ohne Sünde, so hättest Du keine Gelegenheit, dein Erbarmen zu zeigen. Du brauchst meine Sünde. Der Himmel freut sich mehr über einen wie mich als über 99 Gerechte, die nichts zu bereuen haben.‹« *Martin Buber*

»Der Meister sprach einmal: ›Gott dort oben im Himmel hält jede und jeden von uns an einem Bindfaden fest. Bei jeder Sünde schneiden wir den Faden durch. Doch Gott fängt uns auf und knotet den Faden wieder fest zusammen. Und weil der Faden durch die Knoten jeweils kürzer und kürzer wird, kommen wir Gott mit jeder Sünde ein kleines Stückchen näher.‹«

Anthony de Mello

»Das Pferd macht Mist in den Stall, und obwohl der Mist Unsauberkeit und üblen Geruch an sich hat, so zieht doch dasselbe Pferd denselben Mist mit großer Mühe auf das Feld; und daraus wachsen der edle schöne Weizen und der süße Wein, die niemals so wüchsen, wäre der Mist nicht da. – Nun, dein Mist, das sind deine eigenen Mängel, die du nicht beseitigen, nicht überwinden noch ablegen kannst, die trage mit Mühe und Fleiß auf den Acker des liebreichen Willens Gottes in rechter Gelassenheit deiner selbst. Streue deinen Mist auf dieses edle Feld, daraus sprießt ohne allen Zweifel in demütiger Gelassenheit edle, wonnigliche Frucht auf.« *Johannes Tauler*

Fluchgebet

»Gott, ein Mund voll Frevel, ein Lügenmaul hat sich gegen mich aufgetan. / Sie reden zu mir mit falscher Zunge, umgeben mich mit Worten voll Hass / und bekämpfen mich ohne Grund. / Sein Frevel stehe gegen ihn auf als Zeuge, ein Ankläger trete an seine Seite. / Aus dem Gericht gehe er verurteilt hervor, selbst sein Gebet werde zur Sünde. / Nur gering sei die Zahl seiner Tage, sein Amt soll ein andrer erhalten. / Seine Kinder sollen zu Waisen werden und seine Frau zur Witwe. / Unstet sollen seine Kinder umherziehen und betteln, / aus den Trümmern ihres Hauses vertrieben. / Sein Gläubiger reiße all seinen Besitz an sich, / Fremde sollen plündern, was er erworben hat. / Niemand sei da, der ihm die Gunst bewahrt, / keiner, der sich der Waisen erbarmt. / Seine Nachkommen soll man vernichten, / im nächsten Geschlecht schon erlösche sein Name.« *Psalm 109*

Früher fand ich Fluchpsalmen furchtbar und stieß mit all jenen in ein Horn, die fanden, das Alte Testament sei brutal und gewalttätig, so ganz anders als das Neue Testament mit dem lieben und friedfertigen Jesus. Inzwischen bin ich froh um jeden religiösen Text und jedes Gebet, das die menschlichen Aggressionen, den Ärger und die Wut ernst nehmen und als würdig befinden, um mit ihnen vor Gott zu treten. Es ist unsäglich befreiend, wenn ich meine Wut über rechtsextreme Asylpolitik nicht in mich hineinfressen muss, sondern auch Gott gegenüber fluchen kann über so viel Herzlosigkeit und Unmenschlichkeit in unseren Millionären und Milliardären, die in Parlament und Regierung hocken und nun wirklich absolut nichts zu befürchten haben durch die Flüchtlinge, von denen eh viele zu miesesten Konditionen ihre Villen putzen und ihre Kinder und Enkel hüten. Ich bin froh, dass ich Gott gegenüber im Gebet nicht ständig »political correct« sein muss, sondern Tacheles reden und fluchen kann. Nicht dass ich Gott verantwortlich mache für das Übel. Und ich will auch nicht, dass Gott uns die Freiheit raubt, Flüchtlinge unwürdig zu behandeln und Menschenrechte zu verletzen. Die Freiheit hat ihren Preis. Das Fluchen zu Gott erlebe ich vielmehr als Kraft der Selbstmotivation. Nachdem ich meinen Zorn Gott jeweils ganz anvertraut habe, spüre ich eine stärkere Kraft für das konkrete sozial-politische Engagement.

Nach diesen Ausführungen über die verschiedenen Gebetstypen – Dank, Bitte, Lob, Klage, Buße und Fluch – möchte ich noch eine letzte Form des freien persönlichen Betens erwähnen. Das Beten mit Worten wird dann besonders feierlich, wenn es sich mit dem Klang verbindet. Klänge allein können auch Gebet sein. Musik ist für viele Komponisten und Interpreten ihre Weise zu beten, Gott zu loben und zu preisen oder auch ihr Leiden zu klagen.

Im Gesang kommen Wort und Klang zusammen. Darum haben bereits die Römer das Wort geprägt: *»bis orat qui semel cantat«* (zweimal betet, wer einmal singt). Vorausgesetzt, man singt nicht komplett falsch. Aber auch das kann ja bekanntlich von Herzen kommen. Ich kenne nicht wenig Leute, die können mit Beten nicht sehr viel anfangen und sind auch nicht besonders religiös eingestellt, singen aber liebend gerne im Chor Messen und Oratorien oder hören sich diese in Kirchenkonzerten an.

Gebet mit Texten

Neben den fest formulierten Gebeten und der freien individuellen Zwiesprache mit Gott in eigenen Worten gibt es verschiedene weitere Möglichkeiten, um mit dem Göttlichen in Kontakt zu kommen. Da wir oft mit Lesen und Schreiben von Texten zu tun haben, ist es nahe liegend, dass wir auch über Texte mit Gott kommunizieren. Eine Möglichkeit ist, dass ich Gebetbücher lese und die Texte, die mir gefallen, immer mal wieder lese und in Stille wirken lasse. Und wenn es nicht eigentliche Gebete sind, dann vielleicht poetische und literarische Texte, die einem den Zugang zur jenseitigen Dimension öffnen. Gerade die theologisch interessierten deutschen Nachkriegsdichterinnen haben uns einmalige Impulse geschenkt: Hilde Domin, Nelly Sachs, Rose Ausländer, Dorothee Sölle und andere mehr.

Als ich vor zwei Monaten mit einem gebrochenen Bein im Krankenhaus lag, das Zimmer mit bis zu fünf anderen Männern teilte, ziemliche Schmerzen hatte und alle paar Minuten das Personal durchs Zimmer wetzte, konnte ich meine gewohnten Meditationen unmöglich halten. Nach den ersten drei Tagen fühlte ich mich vor allem spirituell sehr leer, die physischen und psychischen Belastungen waren einigermaßen auszuhalten. Da kam mir eine Idee, die ich zwar zuvor auch schon mal gelesen hatte, aber noch nie praktizierte. Ich hatte im Bett relativ viel Zeit zur Zeitungslektüre. Und als ich merkte, dass ich mir viel Zeit dafür nahm, aber nicht in meinem Stil beten konnte, begann ich mit der Zeitung bzw. die Zeitung zu beten. Normalerweise dienen mir die Berichte, Meldungen, Reportagen und Kommentare vorwiegend zur Information. Natürlich lasse ich mich oft auch persönlich von den Inhalten betreffen. Aber zum Gebet sind mir die Zeitungen bisher noch nie geworden. Jetzt aber machte es mir viel Sinn – und zwar nicht nur für die Zeit des Spitalaufenthalts. Ich nenne dies »sich informierend beten« oder »sich betend informieren«. Im Nachhinein fand ich diese Art in mehreren Zitaten bestätigt:

»Wenn wir mit Gott reden wollen,
dann sollten wir dafür sorgen,
dass wir über die Welt Bescheid wissen;
denn sie ist das einzige Thema,
das Gott interessiert.« *Daniel T. Nieles*

»Mit Terminkalender und Tageszeitung
vor dem Angesicht Gottes,
so hält der Christ sein Morgengebet.«
John A. T. Robinson

Ein befreundeter liberaler Politiker schrieb mir vor einiger Zeit: »Manchmal schaue ich zusammen mit meinem mich liebenden Gott die Nachrichten. Dann frage ich ihn, wie lange er hier noch zusehen will. Aber da Gott sein Projekt Erde und uns Menschen trotz all unserer Verirrungen immer lieber bekommen hat, will er die Hoffnung nicht aufgeben, dass wir doch noch die Kurve kriegen und sein Projekt in einen Erfolg verwandeln. Ob wir Gott wohl schon zu sehr enttäuscht haben? Ob er wohl noch genügend Geduld aufbringt? Ob er noch lange zuschaut? Hat er uns doch schon so viele Botschafter und Mahner gesandt. Mein Gott muss wirklich ein liebender Gott sein. Und er muss eine gehörige Portion Geduld und Humor haben.«

Auch wenn es nichts Älteres gibt als die Zeitung von gestern, greife ich dennoch eine beliebige Zeitung aus dem Altpapier und möchte an einem Beispiel zeigen, wie das informierte Beten ausschauen könnte:

»Das umstrittene amerikanische Gefangenenlager Guantánamo könnte bald geschlossen werden. Damit rechnet der UNO-Sonderberichterstatter für Folter, Manfred Nowak. Die nicht zu Kooperation bereiten Gefangenen und die Hungerstreikenden seien jedoch weiterhin dem Risiko der Folter durch Zwangsernährung, verschärften Verhörmethoden oder anderen Strafmaßnahmen ausgesetzt, die nicht mit internationalem Recht vereinbar seien.«

Gott, segne all die Gefangenen, die seit Jahren ohne Anklage gefangen gehalten werden. Lass ihre Angst und Wut nicht ins Unermessliche steigen, so dass nach ihrer Befreiung der Hass und die Gewalt gegenüber dem Westen noch mehr zunehmen. Segne auch all das Wachpersonal, die Soldaten und Mitarbeiter/innen in diesen Gefängnissen, dass sie ihre eigene Frustration und Sinnkrisen nicht in aggressiver Form an den Gefangenen auslassen. Segne die US-amerikanischen Entscheidungsträger in Militär und Politik, dass sie nicht nur mit Gewalt gegen Gewalt kämpfen, sondern nach den tieferen Gründen für die antiwestliche Stimmung suchen und entsprechend nach politischen Lösungen suchen.

»Der Präsident der Schweizer Großbank UBS, Marcel Ospel, der im Jahr 2005 ein Gesamtsalär von 24 Millionen Franken bezog, berief sich in seiner Ansprache an der Generalversammlung auf den schottischen Moralphilosophen Adam Smith. Dessen Credo, dass das Allgemeinwohl nicht durch Barmherzigkeit, sondern durch konsequentes Verfolgen des Eigennutzens gesichert werde, wirke, aus heutiger Sicht etwas hart oder gar provokativ, sei im Kern aber richtig. Gleichzeitig betonte Ospel: ›Gesellschaftliche Verantwortung oder ‚Corporate Responsibility' ist für uns längst zu einem wichtigen Bestandteil unserer Unternehmenskultur geworden.‹«

Gott, segne die vielen Erwerbslosen, die »working poor« und die ausgesteuerten Sozialhilfe-Empfänger, die vielen allein erziehenden Eltern, die gegen Ende des Monats nicht mehr wissen, wie sie trotz Erwerbsarbeit ihre Miete und Krankenversicherung bezahlen sollen. Lass sie nicht verzweifeln an der Ungerechtigkeit unseres Systems. Gott, segne die Manager, die ihr Selbstbewusstsein an der Höhe des Lohns festmachen und darum nie genug verdienen können. Schenk ihnen andere Wege, wie sie ihrem Leben Sinn verleihen können. Gott, segne die Familien der Manager, die wahrscheinlich lieber einen Ehemann und Vater hätten, der etwas mehr daheim wäre und durch ein luxuriöses Leben nicht wirklich entschädigt werden. Gott, segne das kapitalistische Finanzsystem, das den Graben zwischen Reichen und Armen immer mehr vertieft und zu sozialen Spannungen in allen Kontinenten führt. Schenk uns Menschen, die mit gutem Beispiel vorangehen und sich nicht nur hinter der Schutzbehauptung verstecken, der Markt sei nun halt mal so und nicht anders.

»Der Gesundheitszustand des 37-jährigen Deutsch-Äthiopiers, der vor sechs Tagen in Potsdam von zwei Deutschen verprügelt wurde, ist weiterhin kritisch. Bei der Tat erlitt das Opfer schwere Schädel-Hirn-Verletzungen. Es befindet sich noch immer im künstlichen Koma. Innenminister Wolfgang Schäuble hatte vor voreiligen Schlüssen gewarnt und erklärt, auch blonde, blauäugige Menschen würden Opfer von Gewalt.«

Gott, segne den jungen Mann, der vermutlich Opfer eines rassistischen Überfalls geworden ist. Und segne alle Menschen aus anderen Kulturen, die täglich mit Diskriminierungen, Ausgrenzungen und Ablehnung zu kämpfen haben. Schenk ihnen das Vertrauen, dass sie von Dir vorbehaltlos geliebt und angenommen sind. Segne uns alle, damit wir gerade gegenüber Fremden eine vorurteilslose Offenheit und Neugier entwickeln, und mehr noch: damit wir in ihnen unsere Schwestern und Brüder und Dich, den ganz Anderen und Fremden, je neu entdecken und lieben lernen. Segne auch die Politiker, die die Ängste der Bevölkerung populistisch und demagogisch für ihre eigene Machterhaltung nutzen und der Versuchung erliegen, Fremdenhass, Gewalt und Ungerechtigkeit zu verharmlosen.

»Bei neuen Angriffen tamilischer Rebellen sind in Sri Lanka acht Menschen ums Leben gekommen und 18 weitere verletzt worden. Dies gab das sri-lankische Militär in der Hauptstadt Colombo bekannt. Allein in den vergangenen zwei Wochen kamen rund 90 Menschen durch Minenanschläge, politische Morde und bei Unruhen ums Leben. Ungeachtet der wieder aufgeflammten Gewalt im Land, lehnten die LTTE-Rebellen ein neues Angebot der Regierung für die geplanten Friedensgespräche ab. Insgesamt starben bisher über 64000 Menschen in dem jahrzehntelangen Bürgerkrieg.«

Gott, segne alle Menschen in den Ländern, wo Gewalt und Armut, Terror und Korruption herrschen und ein Menschenleben kaum noch etwas zählt. Beschütze die Menschen, die aus diesen Gebieten fliehen müssen, Gib ihnen Deine Engel als Schutz auf den Weg. Verschließ nicht die Augen und Herzen der Migrationsbehörden in Europa, die Flüchtlinge wie Verbrecher einsperren und gewaltsam in diese Länder zurückschaffen. Und segne uns alle, damit wir die Politiker wählen, die sich ganz klar der humanistischen und menschenrechtlichen Tradition verpflichtet fühlen.

»Der Suchmaschinen-Betreiber Google hat seinen Gewinn im ersten Quartal um 60 Prozent auf 592 Millionen Dollar gesteigert und damit die Erwartungen der Analysten übertroffen. Die Google-Aktie gewann um mehr als sieben Prozent an Wert. Der Umsatz von Google kletterte im Vergleich zum Vorjahr um 79 Prozent auf 2,25 Milliarden Dollar. Das Unternehmen verzeichnet bei den Suchmaschinen einen Marktanteil von 42,7 Prozent.«

Gott, ich verwende Google fast täglich. Lass das Internet eine globale Plattform sein, in der die Menschheit näher zueinander findet und durch mehr Informationsaustausch dem Frieden auf dem Planeten dienen kann. Segne auch die Menschen, die das Internet missbrauchen, um sich daran illegal zu bereichern oder auf kriminelle Weise ganze Systeme zerstören. Und segne auch all jene, die mir täglich über 20 Spams mit Angeboten von Viagra-Pillen und gefälschten Rolex-Uhren senden.

»Vor lauter Rummel um reiche Prominente kommt jungen Menschen das Gefühl abhanden, worin der Schlüssel zu einem glücklichen Leben liegt. Das Wellington College in der Kleinstadt Crowthorne südlich von London hat dies erkannt und erteilt ihren Schülern nun Unterricht im Glücklichsein. In dem Pilotprojekt soll mit zunächst einer Unterrichtsstunde pro Woche 14- bis 16-Jährigen vermittelt werden, wie sich Beziehungen harmonisch gestalten lassen und wie physische und mentale Probleme sowie negative Emotionen überwunden werden können.«

Gott, es freut mich, dass auch positive Nachrichten immer mal wieder den Weg in die Medien finden. Segne die Medienschaffenden, damit sie die Augen, Ohren und Herzen offen halten für kleine, unspektakuläre Initiativen, die dem Leben und dem Frieden dienen. Segne die Menschen, die den Jugendlichen Werte und Selbstvertrauen mit auf den Weg geben. Und begleite alle Kinder und Jugendlichen, denen diese Hilfen fehlen. Amen.

Nach dieser Art von Zeitungslektüre beziehungsweise Zeitungsgebet bin ich nicht nur gut informiert über die Welt, sondern fühle mich auch ganz anders mit der Welt verbunden. Ich werde selber ein Teil der Berichte und bleibe nicht nur in der Beobachterposition. Wichtig scheint mir, dass man nicht nur für die Opfer von Gewalt und Ungerechtigkeit betet. Wirkliche Veränderung in der Welt geschieht nur, wenn Opfer und Täter aus ihren Rollen befreit und gewandelt werden. Gerade bei der Zeitungslektüre oder beim Schauen der TV-Nachrichten fällt das Gebet für die Täter emotional leichter, als wenn es um meinen privaten Lebensbereich geht.

Biblische Meditation

Eine besondere Form des Betens mit Texten ist das Beten mit einem biblischen Text. Ignatius von Loyola empfiehlt dieses Gebet täglich eine Stunde lang zu praktizieren. Seine »Exerzitien« oder »Geistlichen Übungen« sind eine bewusst gewählte Abfolge von solchen biblischen Betrachtungen. Diese Gebetsform beinhaltet mehrere Schritte:

1. Mich vorbereiten

Der Kirchenvater Ephraem der Syrer vergleicht die Vorübungen zum Gebet mit den Vorbereitungen der Perlenfischer. Sie verlassen ihre Hütte und gehen an den Strand. Dort legen sie alles ab, was sie am Tauchen hindert. Dann fetten sie sich ein und suchen sich einen geeigneten, handlichen Stein, mit dem sie abtauchen können, um zu den Perlen zu gelangen. So lege auch ich vor der Meditation alles ab, was mich daran hindert, mit Leib und Geist ganz »da« zu sein. Dann suche ich mir einen »geeigneten Stein«, der mich in die richtige Tiefe führen kann. Zum Einstellen auf die innere Sammlung gehört auch die Absicht, sich vom biblischen Text ansprechen und berühren zu lassen. Das Ziel aller biblischen Meditation ist, hineinzuwachsen in eine lebendige Beziehung mit Christus und die biblischen Texte nicht nur rational zu verstehen, sondern sie in sich aufzunehmen. Diese Intention kann ich auch in einem Vorbereitungsgebet ausdrücklich formulieren:

»Gott, führe mich zur Ruhe, lass mich Stille in meinem Inneren bereiten. / Hole mich heim aus aller Zerstreuung, zu mir, in meine Mitte, an meine innere Quelle. / Aus Deiner Liebe heraus hast Du mich geschaffen. / Du weißt um mich und wie mein Leben gelingen kann. / Nimm mich an der Hand, damit ich Dich im Wort und in allem und allen entdecke. / Hilf mir loszulassen, was mich daran hindert, dir zu begegnen. / Und hilf mir zuzulassen, was in mir lebendig und ganz Mensch werden will. / Lass mich ganz da sein, in jedem Atemzug, in jedem Augenblick, im Hier und Jetzt.«

2. Lesen und bitten

Ich lese den ausgewählten Text langsam, wenn nötig mehrmals. Ignatius empfiehlt die Meditation am Morgen zu machen und den Text bereits am Vorabend einmal zu lesen, weil er überzeugt war, dass die Worte auch im Schlaf wirken. Beim Lesen bitte ich darum, die Worte in der Tiefe zu verstehen und in ihnen zu entdecken, was mir Christus sagen und zeigen will. Je nach Inhalt bitte ich speziell um das, was ich begehre: um spezielle Gedanken und Einsichten oder um eine spezielle emotionale Bewegung wie Freude und Sehnsucht oder Trauer und Reue.

3. Suchen und entdecken

Ich nehme eine persönliche Beziehung zur Geschichte auf, zu den Menschen und Räumen und Stimmungen. Ich versuche die Szene und ihre Atmosphäre mit allen Sinnen zu erspüren. Ich baue mir wie ein Regisseur oder eine Bühnenbildnerin den »Schauplatz« auf und kann immer wieder zu ihm zurückkehren. Bei der Meditation eines biblischen Textes kommt es vor allem darauf an, dass ich etwas entdecke, das mich ganzheitlich anspricht und in »Bewegung« bringt – die Perle im Meer. Ich suche den Text so lange ab, bis ich auf etwas stoße, das mich selber angeht: ein Wort, das mich stärkt und befreit, oder eine plötzliche Einsicht, die mich berührt. Jede kleine »Bewegung« in Richtung auf die Perle wird zunächst einmal wahrgenommen. Sie führt zum Aufhellen und »Verkosten« des Meditationstextes von innen her.

4. Verweilen und vertiefen

Ich verweile jeweils bei dem, was mich persönlich anspricht und bewegt, und zwar so lange, bis es sich »erschöpft« hat. Sonst verliert sich das eben Entdeckte im Gedränge ruheloser Gedanken und flüchtiger Eindrücke. Der Text steckt den Rahmen ab, innerhalb dessen ich wie der Perlentaucher auf die Suche gehe. Das ist lediglich eine Beschränkung im Rahmen, nicht aber in der Tiefe. Ich kann mich auf ein oder zwei Wörter im Text beschränken, die mich besonders ansprechen, und lasse sie in Verbindung mit dem Ein- und Ausatmen wirken.

5. Begegnen und beten
Durch diesen Übungsweg bereite ich mich für die Begegnung mit Jesus, der sich im Wort der Schrift zu erkennen gibt und durch die Worte und Bilder zu mir spricht und seinen Willen kund tut. Etwa ein Drittel der Gebetszeit würde ich dafür verwenden, mit Jesus in einen Dialog einzutreten. Je nach Text kann es auch sein, dass ich mit Maria oder einem Apostel oder Gott in Dialog trete und nach der Bedeutung und Botschaft für mich hier und heute frage.

6. Beenden
Die Meditation schließe ich ab entweder mit einem bestimmten Gebet, mit einer kurzen Gebetsformel oder mit einer tiefen Verneigung.

7. Reflektieren, notieren, wiederholen
Nach der biblischen Betrachtung empfiehlt Ignatius über die Erfahrung zu reflektieren. Welches Gefühl, welches Verlangen, welche Einsicht, welcher Gedanke, welches Wort, welche Frage, kurz: Welcher Impuls hat mich innerlich angesprochen, bewegt? Was habe ich entdeckt? Was ist mir neu aufgegangen? Was ist mir wichtig geworden? Wozu fordert mich der Text auf,

wozu fordern mich die Personen in der Szene heraus? Was will Christus von mir? Es empfiehlt sich, kurze Notizen festzuhalten. Oft ist es angebracht, denselben Text noch einmal zu meditieren, wenn ich noch keine wirkliche Klarheit erhalten habe oder das Gefühl habe, an den schönsten Perlen vorbeigetaucht zu sein.

Gebet mit Bildern

Beten mit fest formulierten oder auch freien persönlichen Worten sind die meisten Menschen gewohnt. Diese Form der Kommunikation mit dem Göttlichen ist wie eine Weiterführung des Gesprächs in der Beziehung zwischen zwei Menschen. Gleichzeitig leben wir in einer von Bildern dominierten Welt, in der die Sprache der Bilder mindestens so wichtig geworden ist wie jene der Worte. Fernsehen und Werbung wissen um die starke Wirkung der Bildsprache. Wieweit spielt diese eine Rolle im Gebet? Zunächst einmal spricht Gott selbst zu uns in Bildern. Seit Abraham schenkt Gott den Menschen quer durch die Geschichte am Tag und in der Nacht Bilder: in Form von Träumen und Visionen. In der Bibel bedient sich Gott bei seinen Botschaften einer bildhaften Sprache. Und Jesus sprach zu den Menschen meistens in bildhaften Gleichnissen. Auch heute nehmen wir mit Gott über unsere äußeren und inneren Augen Kontakt auf. Wir können Gott in allen Dingen finden: in den Menschen, in der Natur, in der Kunst, auf einem Plakat, auf dem Bildschirm oder auf der Kino-Leinwand. Wenn wir Bilder nicht nur optisch konsumieren, sondern als tiefere Botschaften zu verstehen suchen, wird unser Schauen zum Gebet. Beten bedeutet in diesem Zusammenhang einfach »anders sehen«. Ich kann den Sonnenuntergang oder die glitzernde Schneelandschaft, die Wiese mit den Mohnblumen oder den Lavendelstrauch rein optisch anschauen und die Schönheit bewundern, oder ich kann sie als Wink Gottes erkennen und mit meinem staunenden Blick einen kleinen Dankesbrief zum Himmel senden.

Wir sprechen zu, von und über Gott verständlicherweise in Worten und Bildern, die wir aus unserer kleinen menschlichen Erfahrungs- und Sinnenwelt nehmen. Wären wir Wölfe, würden wir uns Gott als riesigen Wolf vorstellen und zum Wolfsgott heulen. Wären wir Orangen, würden wir das Göttliche vermutlich in der Sonne vermuten und anbeten. Und wären wir Ameisen, würden wir wohl die Bäume und Berge für Götter halten und täglich darum bitten, dass niemand auf uns tritt oder uns verzehrt. Wenn wir uns also nicht zu fein dafür sind, Gott mit anthropomorphen Bildern anzusprechen, ist das Beten in und mit Bildern eine wunderbare Form, um die göttliche Gegenwart in allen und allem zu suchen und zu entdecken. Dass es in den Gesetzen der verschiedenen Religionen Verbote gibt, Gott in Bildern darzustellen, ist leicht begreiflich. Die Gefahr ist groß, unsere eigenen Bilder von Gott statt Gott selbst zu verehren.

Beten mit Bildern ist vor allem in der Ostkirche

wichtig. Dort sind sie immer Abbilder eines himmlischen Originals. Ikonen verweisen geradewegs auf das Heilige im Himmel, sie sind wie ein Blick durch ein Fenster oder in einen Spiegel. Marienikonen weisen auf Maria hin, Jesusikonen auf Jesus. Und mehr noch: Ikonen sind nicht nur Abbild, sondern das himmlische Urbild ist im Abbild gegenwärtig. Das Göttliche selbst leuchtet in den Ikonen auf. Das erklärt den ehrfürchtigen Umgang mit den Ikonen.

Vielleicht haben Sie eine Ikone oder eine Abbildung von einer Ikone, mit der Sie dieses Gebet einmal ausprobieren können. Oder Sie stellen sich vor ein Kunstwerk oder eine Skulptur und betrachten diese einfach in Stille – als Spiegel und Wohnstatt des Göttlichen.

Für manche Menschen ist auch das Malen mit Stiften oder Pinsel die Form, wie sie Gott betend loben und danken.

Mein Freund und Mitbruder Franz-Xaver Hiestand erteilt regelmäßig spirituelle Einkehrtage, in denen er die Menschen mit thematisch ausgewählten Kinofilmen tiefer zu sich selbst und zur Kommunikation mit dem Göttlichen führt. Bewegte Bilder bewegen – warum nicht unsere Seelen näher hin zu Gott?

Gebet mit dem Körper

»Gott,
lass meine Augen und meinen Mund Gebet sein,
lass meine Hände und Füße Gebet sein,

lass mein Sitzen und Gehen Gebet sein,
lass mein Liegen und Essen Gebet sein,
lass mein Tanzen und Springen Gebet sein,
lass meinen Atem und meinen Kuss Gebet sein,
lass mein Geschlecht und den Liebesakt Gebet sein,
lass mein Reden und Schweigen Gebet sein,
lass meinen Schlaf und mein Wachen Gebet sein.
lass mich Gebet sein,
sei Du in meinem Leib Gebet.«

Beten kann nicht nur mit Worten, Texten, Bildern und Klängen geschehen, sondern auch mit dem ganzen Körper. Die Mystikerin Teresa von Avila prägte das Wort: »Tue deinem Leib etwas Gutes, damit die Seele Lust bekommt, darin zu wohnen.« Wenn ich meinen Leib als göttliche Kreatur erkenne, liebe und behandle, dann kann auch jede Bewegung meines Körpers zum Gebet werden: Ausdruck von Lob und Dank, von Bitte oder Klage, von Buße oder Fluch. Religion wird oft als leibfeindlich bezeichnet. Dabei kann es sich nur um Fehlformen und Pervertierungen seitens der Kirche handeln. Denn Religion ist von ihrem Wesen her das Körperfreundlichste überhaupt, weil sie den Leib nicht nur als Hülle für den unsterblichen Geist oder als biologisches System betrachtet, sondern als göttlichen Tempel des Geistes.

Als Kind habe ich es oft fast nicht mehr ausgehalten, wenn ich sonntags in der Kirche während des unendlich langen Hochgebets auf den harten Holzbänken knien musste. Vielleicht kürze ich dieses darum auch wo immer möglich etwas ab, wenn ich in einer Kirche Messe feiere, in der noch immer Holzbänke stehen, die an sich in einer Kirche nichts zu suchen haben.

Beten mit dem Körper kann sehr einfach sein. Ich kann beispielsweise das »Vaterunser« sprechen und die einzelnen Bitten mit einer bestimmten Bewegung verbinden, die den Text noch verstärkt. Das Beten mit dem Körper kann sogar noch einfacher sein: eine schlichte Verneigung, das Liegen auf dem Boden oder das schlichte Falten der Hände.

Ein einfaches Gebet im Christentum, vor allem in der orthodoxen und katholischen Kirche, ist das Kreuzzeichen auf Stirn und Brust. Es drückt nicht, wie man meinen könnte, in erster Linie Leiden und Tod Jesu aus. Wer das Zeichen bewusst vollzieht, spürt in dieser Bewegung die Verbindung von Oben und Unten – Himmel und Erde – und Links und Rechts – der ganzen Schöpfung. Das Kreuzzeichen ist ein Kurzgebet, in welchem ich meine Verbundenheit ausdrücke mit Gott und mit Christus, dem Zentrum von Erde, Himmel und der gesamten Schöpfung.

Die Integration des Körperlichen ins Gebet schafft eine ganzheitliche Erfahrung. Ich erlebe dies am meisten auf den Fastenmärschen, die ich organisiere. Die Verbindung von Gehen, Schweigen und Fasten erhebt Leib, Geist und Seele zu Gott. Dazu kommt, dass ich beim Wandern oder bei Skitouren die Schritte und den regelmäßigen Atem mit dem Namen Jesu in Verbindung bringe. Mehr darüber im Abschnitt über das so genannte Jesusgebet oder Herzensgebet.

Was ganzheitliches Beten betrifft, sind uns in der christlichen Spiritualitätsgeschichte vor allem die neun Gebetsweisen des heiligen Dominikus bekannt. Nach seinem Vorbild pflegten die Dominikanermönche über Jahrhunderte nachts die »stillen Gebete«, die aus einer Abfolge von neun Körperhaltungen bestanden: tiefes Verneigen, sich ausstrecken auf der Erde (prostratio), sich geißeln (als Solidarisierung mit dem Leiden Christi und der Menschheit), stehen mit Blick ins Antlitz Gottes, Gott die Hand reichen (Hingabe an das Absolute), die Welt umarmen (wie der Gekreuzigte mit ausgestreckten Armen), sich ausstrecken zum Himmel (Gott zu sich herabziehen), vor Gott sitzen und schweigen (Meditation), in Be-Weg-ung kommen (Geh-Meditation, aufbrechen, Altes loslassen, mich auf das Neue einstellen, um den Segen für die nächsten Schritte bitten).

Oben zitierte ich das römische Sprichwort »Wer einmal singt, betet zweimal.« Analog könnte man sagen: »Wer einmal tanzt, betet viermal.« Eine französische Legende greift diese Erfahrung auf:

»Es war einmal ein Gaukler, der tanzend und springend von Ort zu Ort zog, bis er des unsteten Lebens müde war. Da gab er alle seine Habe hin und trat in das Kloster zu Clairvaux ein. Aber weil er sein Leben bis dahin mit Springen, Tanzen und Radschlagen zugebracht hatte, war ihm das Leben der Mönche fremd, und er wusste weder ein Gebet zu sprechen noch einen Psalm zu singen. So ging er stumm umher, und wenn er sah, wie jedermann des Gebetes kundig schien, aus frommen Büchern las und mit im Chor die Messe sang, stand er beschämt dabei: Ach, er allein, er konnte nichts. Was tu ich hier?, sprach er zu sich, ich weiß nicht zu beten und kann mein Wort nicht machen. Ich bin hier unnütz und der Kutte nicht wert, in die man mich kleidete. In seinem Gram flüchtete er eines Tages, als die Glocke zum Chorgebet rief, in eine abgelegene Kapelle. Wenn ich schon nicht mitbeten kann im Konvent der Mönche, sagte er sich, so will ich doch tun, was ich kann. Rasch streifte er das Mönchsgewand ab und stand da in seinem bunten Röckchen, in dem er als Gaukler umhergezogen war. Und während vom hohen Chor die Psalmgesänge herüberwehen, beginnt er mit Leib und Seele zu tanzen, vor- und rückwärts, links herum und rechts herum. Mal geht er auf seinen Händen durch die Kapelle, mal überschlägt er sich in der Luft und springt die kühnsten Tänze, um Gott zu loben. Wie lange auch das Chorgebet der Mönche dauert, er tanzt ununterbrochen, bis es ihm den Atem verschlägt und die Glieder ihren Dienst versagen. Ein Mönch war ihm aber gefolgt und hatte durch ein Fenster seine Tanzsprünge mit angesehen und heimlich den Abt geholt. Am anderen Tag ließ dieser den Bruder zu sich rufen. Der Arme erschrak zutiefst und glaubte, er solle des verpassten Gebetes wegen gestraft werden. Also fiel er vor dem Abt nieder und sprach: Ich weiß, Herr, dass hier meines Bleibens nicht ist. So will ich aus freien Stücken ausziehen und in Geduld die Unrast der Straße wieder ertragen. Doch der Abt neigte sich vor ihm, küsste ihn und bat ihn, für ihn und alle Mönche bei Gott einzustehen: In deinem Tanze hast du Gott mit Leib und Seele geehrt. Uns aber möge er alle Worte verzeihen, die über die Lippen kommen, ohne dass unser Herz sie sendet.«

Lange Zeit mussten Menschen, die mit ihrem Körper zu Gott beten wollten, die Impulse vor allem aus indianischen und afrikanischen Traditionen gewinnen. Inzwischen ist jedoch der so genannte »Sakrale Tanz« ein fester Bestandteil der christlichen Gebetstradition geworden und wird in manchen spirituellen Zentren vermittelt.

Gebet des Herzens

»Gott ist ein stiller Geist, der überall zugegen,
Drum, wer ihm nahen will,
Darf sich nicht viel bewegen;
Verlier, was bildlich ist,
Und brauch nicht viel Gewalt,
Kehr sanft in stillem Geist:
Ich weiß, du findst ihn bald.« *Gerhard Tersteegen*

»Als mein Gebet immer andächtiger und innerlicher wurde, da hatte ich immer weniger und weniger zu sagen. Zuletzt wurde ich ganz still. Ich wurde, was womöglich noch ein größerer Gegensatz zum Reden ist, ich wurde ein Hörer. Ich meinte bisher, Beten sei Reden. Ich lernte aber, dass Beten nicht bloß Schweigen ist, sondern Hören. So ist es: Beten heißt nicht sich selbst reden hören. Beten heißt: Still werden und still sein und warten, bis der Betende Gott hört.«

Sören Kierkegaard

Wie eingangs erwähnt, teilte der spanische Mystiker Francisco de Osuna im 16. Jahrhundert das Beten ein in das formulierte Gebet, des betrachtende Herzensgebet und das kontemplative Gebet der Liebe. Das betrachtende Herzensgebet erfolgt wortlos oder mit nur sehr wenigen Worten. Es ist das Herz, das still zu Gott spricht. Damit dies gelingen kann, gilt es die geistliche Übung zu finden, die uns hilft, an unsere innere Quelle zu gelangen, sei es durch das Lesen der Bibel, das Feiern des Abendmahls, das Beten des Rosenkranzes oder das Sitzen in der Stille. Wir müssen einen Weg finden, um an den Ort zu gelangen, wo alles eins ist.

»Will der Mensch kraftvoll im Innern wirken, so muss er alle zersplitterten Kräfte der Seele wieder heimrufen und sie aus allen zerteilten Dingen sammeln zu einem inwändigen Wirken. Die Seele muss in Frieden und in Ruhe sein: dann spricht Gott sein WORT in der Seele und gibt sich ihr selbst – kein Bild, sondern sich selbst.« *Meister Eckhart*

»Es muss eine kraftvolle Einkehr geschehen, ein Einholen, eine innere Sammlung aller Kräfte, der niedersten wie der höchsten, ein Einswerden aus aller Zerstreuung; sind doch alle Dinge vereint kraftvoller. Wer etwas tief erkennen will, wende all seine Sinne darauf und zwinge seine Sinne auf einen Punkt in der Seele, von wo sie ausgeflossen sind. So wie alle Zweige aus dem Stamm des Baumes hervorgehen, so werden alles Sinneskräfte, Gefühl und Entschlusskraft vereinigt im Grund. Dies ist Einkehr. Der Mensch soll alle Dinge lassen und in Sammlung all seiner Kräfte in seinem inwendigen Tempel in seinen tiefen Grund kommen. Kommt er da wohl hinein, wahrlich, er findet darin ohne allen Zweifel Gott. Der Mensch soll eine Ruhe, eine Stille in seinem Inneren bereiten. Er soll in sich einen Ort der Stille, der innerlichen Ruhe schaffen. Mitten im Schweigen, da alle Dinge im tiefsten Schweigen sind und eine wahre Stille ist, da hört man das göttliche Wort in Wahrheit. Soll Gott sprechen, musst du schweigen. Soll Gott eingehen, müssen alle Dinge hinaus. Soll Gott wahrhaftig zu dir sprechen – alle deine Kräfte müssen schweigen. Es geht bei der Einkehr nicht um ein Tun, sondern um ein Nichttun.«

Johannes Tauler

»Wenn dein Herz wandert oder leidet, bring es behutsam an seinen Platz zurück und versetze es sanft in die Gegenwart Gottes. Und selbst, wenn du in deinem Leben nichts getan hast, außer dein Herz zurückzubringen und wieder in die Gegenwart unseres Gottes zu versetzen, obwohl es jedes Mal wieder fortlief, nachdem du es zurückgeholt hattest, dann hast du dein Leben wohl erfüllt.« *Franz von Sales*

Während die Mystik im 18. und 19. Jahrhundert stark unter der Säkularisierung und dem antimodernistischen Kampf der Kirchen gelitten hat, erfuhr die spirituelle Dimension des Christentums mit dem kontemplativen Gebet vor allem durch den Einfluss östlicher Meditation im 20. Jahrhundert wieder an Bedeutung. Stellvertretend für diese neue mystische Tradition stehen Namen wie Edith Stein, Simone Weil, Madeleine Delbrêl, Dag Hammarskjöld, Thomas Merton und andere.

Das kontemplative oder betrachtende Gebet geht zurück ins 4. Jahrhundert. Johannes Cassian, der Mönchsvater, auf den sich später der Ordensgründer Benedikt stark bezieht, hat den Hesychamus, das Gebet der Ruhe, ins Abendland gebracht. Zuvor wurde es bei den ostkirchlichen Mönchen, insbesondere in Ägypten geübt. Die Stätte, wo das Gebet der Ruhe und speziell das Jesusgebet bis heute intensiv geübt wird, ist der Athos-Berg. In Russland, im 19. Jahrhundert, war das Jesusgebet bei den einfachen Menschen sehr verbreitet, vergleichbar dem Rosenkranz bei uns im Westen. Es ist wahrscheinlich, dass die Methodik dieses Betens aus Indien stammt, da eine große Ähnlichkeit zum dortigen Mantra-Gebet besteht. Im Jesusgebet ruft der betende Mensch in rhythmischer Weise den Namen »Jesus« in Verbindung mit verschiedenen Formeln an.

»Herr Jesus Christus,
Sohn Gottes,
erbarme dich meiner.«

Eine alte Mönchsanweisung, die ins 7. Jahrhundert zurückgeht, sagt: »Setze dich still und einsam hin. Neige den Kopf, schließe die Augen, atme recht leicht. Blicke mit deiner Einbildung in dein Herz und führe den Geist, das heißt das Denken, aus dem Kopf ins Herz. Beim Atmen sprich, leise die Lippen bewegend oder nur im Geiste: ›Herr, Jesus Christus, erbarme dich meiner!‹ Gib dir Mühe, alle fremden Gedanken zu vertreiben. Sei nur still und habe Geduld und wiederhole diese Beschäftigung recht häufig.« Die Mönche sagten, die eigentliche Mitte des Menschen sei die Herzmitte, die Begegnungsmitte, die Mitte des Du-Sagens. Man sollte sich für das Jesusgebet eine Viertelstunde oder zwanzig Minuten Zeit nehmen, um seine ersten Erfahrungen damit zu machen. Wenn man länger geübt hat, durch Wochen und Monate hindurch, wird es gelingen, sich auf das Gebet ganz einzulassen, ohne sich ständig ablenken zu lassen. Ein Freund, von dem ich es irgendwie gar nicht erwartet hatte, schrieb mir kürzlich über dieses Herzensgebet:

»Ich habe das Herzensgebet ›Herr Jesus Christus, Sohn Gottes, erbarme dich meiner‹ für mich ausprobiert. Ich habe versucht, es unter verschiedenen Bedingungen zu üben. Am Anfang kam es mir seltsam und ungewohnt vor. Aber als ich es immer wieder beim Joggen, beim Überlegen, beim Einschlafen wiederholte, habe ich gemerkt, dass es langsam einen anderen Sinn für mich ergab. Ich glaube, dass es in mir – wenn auch nur ein bisschen, aber dafür genau im richtigen Moment –

etwas bewegt und mich weiter gebracht hat.« (Mann, 51 Jahre)

Wichtig ist beim Herzensgebet, dass wir auf den regelmäßigen Atem achten. Der Atem (lateinisch *spiritus*, griechisch *pneuma*) bedeutet gleichzeitig Geist. Beim Achten auf den Atem beten quasi nicht mehr wir, sondern der Geist in uns. Das Beten mit dem Achten auf den Atem hilft uns bei der Konzentration auf das Hier und Jetzt. Mit dem Atem muss ich nicht zwingend den Namen Jesu oder das traditionelle Jesusgebet verbinden. Ich kann auch andere Worte mit dem Atem verbinden, die für mich stimmig sind: »Liebe, Frieden« oder bei einer biblischen Meditation ein bis zwei Wörter, die mich besonders berühren. Wichtig ist, dass das Wort gleichbleibend, rhythmisch und klangvoll ist. Ich übe diese Form des Betens vor allem auf Spaziergängen, beim Wandern und auf Skitouren und passe die Worte »O Jesus, o Christus« jeweils meinem Atemrhythmus an, der sich je nach Steigungsgrad des Weges verändert:

Versuchen Sie die folgende Übung fünf Minuten lang. Stellen Sie sich vor, dass Sie Christus tatsächlich einatmen, in sich aufnehmen. Und wenn Sie von vielen Gedanken abgelenkt werden, dann seien Sie gütig und geduldig mit sich selbst und kehren Sie einfach immer wieder zum Herzensgebet zurück:

Einatmen: Jesus
Ausatmen: Christus

Gebet der Vereinigung

Der spanische Mystiker Francisco de Osuna bezeichnete die liebende Vereinigung mit Gott als die höchste Stufe des Gebets. Selbstverständlich tritt bereits das Kleinkind, wenn es abends im Bett die Hände faltet und zu Gott spricht, in das tiefe Geheimnis der persönlichen und intimen Beziehung mit Gott ein. Die mystische Vereinigung mit Gott ist auch das erklärte Ziel der christlichen Kirchen und aller Weltreligionen, die ein göttliches Du erkennen und verehren. Gleichzeitig stehen die religiösen Institutionen mit ihren Theologien, Lehren, Dogmen und Gesetzen oft kritisch oder skeptisch gegenüber spirituellen Übungen und Erfahrungen, da sich diese dem Einfluss und der Kontrolle durch kirchliche Autoritäten und Strukturen weitgehend entziehen. Es überrascht nicht, dass die Inquisitoren und die Beichtväter im 16. und 17. Jahrhundert die Menschen vom kontemplativen Gebet abhielten. Inneres Beten ist nicht nur Keine-Worte-Machen, sondern die persönliche Suche in aller Freiheit nach einer lebendigen Beziehung mit Gott. Wer das innere Gebet pflegte, konnte im Inneren wachsen und mehr und mehr zu einem befreiten und erleuchteten Menschen werden. Vor allem, wenn Frauen innerlich beteten, löste dies große Widerstände in der Kirche aus. Nonnen sollten den Rosenkranz beten und sich sonst um nichts kümmern. Im spirituellen Klassiker »Der Weg der Vollkommenheit« warnt darum die Mystikerin *Teresa von Avila* (1515–1582) ihre Mitschwestern dringlich vor Beichtvätern, die keine eigene tiefe spirituelle Erfahrung besaßen: »Führt mit dem Beichtvater auf keinen Fall Gespräche über das innere Beten und über Gott, sondern beichtet nur kurz und dann fertig.« Auch heute sind immer mal wieder kritische Stimmen aus Kirchenleitungen zu hören gegenüber bestimmten meditativen Wegen und Praktiken, gerade wenn sie ihre Wurzeln in anderen Religionen und nicht in dem westlichen Kulturraum haben. Auch auf der lokalen Ebene der Pfarreien finden die wenigsten Menschen einen Ort, wo sie echte Hilfe im persönlichen Gebetsleben und in geistlichen Fragen erfahren. Kein Wunder, wenn spirituell suchende Menschen ihre geistliche Heimat in Meditationszentren, Klöstern und an anderen mystischen Kraftorten suchen und wenn sich Jugendliche auf freikirchliche oder charismatische Bewegungen einlassen, wo mit großer Selbstverständlichkeit in Gemeinschaft gebetet wird.

Teresa von Avila, die den weiblichen Zweig des Karmeliterordens schuf und mehr als ein Dutzend Klöster gründete, schrieb mehrere Werke, in denen sie ihren Mitschwestern den inneren geistlichen Weg darlegte. Im Buch »Wohnungen der Inneren Burg« beschreibt sie den Weg des Gebets bis hin zur Vereinigung und Vermählung mit Christus im Bild der Burg mit sieben Wohnungen, die von außen zum Kern der Seelenburg führen:

1. Wohnung: Selbsterkenntnis (Umgang mit Besitzstreben, Machttrieb, Geschäftigkeit)

2. Wohnung: Entschlossenheit fördern angesichts der vielen Hindernisse; Begleitung suchen
3. Wohnung: Die Früchte, die sich in der rechten Gottesfurcht zeigen
4. Wohnung: Differenzierung von Glück, Zärtlichkeit und Wonne beim inneren Beten
5. Wohnung: Durch Loslassen und Nächstenliebe entdecken wir den Himmel in uns
6. Wohnung: Unterscheidung der Geister in Prüfungen; Umgang mit geistlicher Ekstase
7. Wohnung: Geistliche Gotteinung und Vermählung; Ziel des Betens liegt in den Werken.

Das innere Gebet ist die totale Hingabe und Vereinigung mit Gott. Hier schenkt sich der liebende Mensch dem liebenden Gott, welcher dem Menschen innerlicher ist als er selbst. Gebet wird zur gegenseitigen Liebeserklärung. Zwei verliebte Seelen, die sich treffen, geraten in einen Zustand des Jubels und Vibrierens, weil sie erahnen oder gar erkennen, wie tief und umfassend sie verwandt und vereint sind – zwei in einem. Das ist Gebet: voller Entzücken, Ekstase und Süße, voller Frische und ungeahnter Verbundenheit. Von dieser Vereinigung und Ganz-Hingabe sprechen auch andere Mystikerinnen und Mystiker. Die folgenden Gebete gleichen sich teils bis in den Wortlaut hinein.

»Nimm hin, o Gott, meine ganze Freiheit.
Nimm an mein Gedächtnis,
meinen Verstand, meinen ganzen Willen.

Was ich habe und besitze, hast du mir geschenkt.
Ich gebe es dir wieder ganz und gar zurück
und überlasse alles dir,
dass du es lenkst nach deinem Willen.
Nur deine Liebe schenke mir mit deiner Gnade.
Dann bin ich reich genug und suche nichts weiter.«

Ignatius von Loyola

»Ich bitte weder um Gesundheit noch um Krankheit, weder um Leben noch um Tod, sondern darum, dass du über meine Gesundheit und meinen Tod verfügst zu deiner Ehre und zu meinem Heile. Du allein weißt, was mir dienlich ist. Du bist der souveräne Herr, tue, was du willst. Gib mir, nimm mir! Herr, ich weiß, dass ich nur eines weiß: dass es mir gut ist, dir zu folgen, und dass es mir schädlich ist, dich zu beleidigen. Ich weiß nicht, was mir nützlicher ist, Gesundheit oder Krankheit, Reichtum oder Armut, und ebenso bei allen Dingen der Welt. Das ist eine Entscheidung, die die Kraft der Menschen und Engel übersteigt und die in den Geheimnissen der Vorsehung verborgen liegt, die ich anbete und nicht ergründen will. Amen.«

Blaise Pascal

Gebet des Tuns

»Herr, lass mich nicht nur für etwas beten,
lass mich auch dafür arbeiten.« *Thomas Morus*

»Ich war hungrig,
und ihr habt einen humanitären Club
und eine Task Force gegründet;
ihr habt die Ursachen meines Hungers diskutiert
und keine gefunden.
Ihr habt mich vertröstet,
dass das System nun mal nicht gerecht sei.
Ich danke Euch!

Ich war im Gefängnis,
und ihr seid leise davongeschlichen
und habt euch in die Krypta zurückgezogen
und habt für meine Freilassung gebetet
und Kerzen angezündet.
Ich danke Euch!

Ich war nackt,
und ihr habt ernsthaft überlegt
und debattiert, wie es wohl um die Moral
meiner Nacktheit bestellt sei.
Ich danke Euch!

Ihr scheint so fromm zu sein,
so ganz nahe bei Gott.
Und ich bleibe gefangen und hungrig
und werde weiterhin gefoltert.
Ich danke Euch!«

(Spießer-Vaterunser)

Die größte Gefahr des Betens liegt darin, dass wir Gott um Dinge bitten und dabei unser Gewissen beruhigen und die Selbstverantwortung auf eine höhere Macht abschieben. Ich kann nicht für die Indianer Nordamerikas, die Mönche im Tibet, die Bauern in den Regenwäldern und die Flüchtlinge in unseren Aufnahmezentren und in der Auslieferungshaft beten, ohne persönlich geläutert zu werden und Gott um seinen Willen und Auftrag für mich zu bitten. Gerade in Zeiten von Zufriedenheit und drohender Selbstgenügsamkeit bete ich zu Gott darum, mich durch das Leiden in der Welt anzurühren und zum Engagement anzustacheln, wie es ein Mitbruder in einem Gebet formuliert hat:

»Mache mich unruhig,
wenn ich Dich nur in Worten preise.
Weck mich auf,
wenn ich eingeschlafen bin.
Breche auf meine Selbstgenügsamkeit
und Verschlossenheit.
Lass mich zu den Menschen gehen,
deren Leben eingeengt und bedroht ist.«

Alfonso Pereira

Der Baptistenpastor und Bürgerrechtler *Martin Luther King* sagte einmal: »Kein Problem wird gelöst, wenn wir träge darauf warten, dass Gott allein sich darum kümmert.« Mein großes Vorbild für die globalisierte Welt, in der wir leben, ist der frühere Uno-Generalsekretär und Mystiker *Dag Hammarskjöld* (1905–1961). Er vertrat klar die Meinung: »In unserer Zeit führt der Weg zur Heiligkeit unausweichlich durch die Welt der Aktion.« Gleichzeitig war er ein Mann des expliziten Gebets. Sein spirituelles Tagebuch »Zeichen am Weg« halte ich für eines der wertvollsten Bücher des 20. Jahrhunderts. Bekannt geworden ist vor allem ein Gebet, das die Einheit von Mystik und Engagement auf wunderbare Weise betont:

»Du, der über uns ist,
Du, der einer von uns ist,
Du, der ist –
auch in uns;
dass alle dich sehen – auch in mir,
dass ich den Weg bereite für dich,
dass ich danke für alles, was mir widerfuhr.
Dass ich dabei nicht vergesse der anderen Not.
Behalte mich in deiner Liebe,
so wie du willst, dass andere bleiben in der meinen.
Möchte sich alles in diesem meinem Wesen
zu deiner Ehre wenden,
und möchte ich nie verzweifeln.
Denn ich bin unter deiner Hand,
und alle Kraft und Güte sind in dir.
Gib mir einen reinen Sinn – dass ich dich erblicke,
einen demütigen Sinn – dass ich dich höre,
einen liebenden Sinn – dass ich dir diene,
einen gläubigen Sinn – dass ich in dir bleibe.«

Ziel des Betens ist, dass mein ganzes Leben zum Gebet wird, dass ich immer in Gott bin und Gott zu jeder Stunde finden kann. Damit aber das Leben zum Gebet wird, braucht es die Sammlung im Tun, das *contemplativus in actione.* Als Jesuitenpater verbringe ich wie mein Ordensvater Ignatius von Loyola meinen Alltag nicht mit langen Gebetszeiten und bin froh, dass Ignatius einmal schrieb: »Wenn das ausdrückliche Beten in Worten die einzige Verbindungsweise zu Gott hin wäre, dann wäre freilich jedes Gebet zu kurz, das nicht vierundzwanzig Stunden am Tag dauerte.« Gleichzeitig sei auch immer eine gewisse Skepsis erlaubt, wenn jemand sagt, dass sein ganzes Leben Gebet sei und er darum nur sehr selten zu Gott bete. In solchen Fällen frage ich die Person, wie sie denn bete, wenn sie mal ausdrücklich bete. Wenn dann ihr Beten vor allem im Produzieren von Worten besteht, darf man wohl davon ausgehen, dass auch ihr Tun primär im Reden besteht. Wesentlich mehr überzeugen mich die Worte eines ehemaligen Mitbruders aus Haiti, der geheiratet hat und im sozialen Bereich auf der Insel Guadeloupe wirkt. Er schrieb mir auf meine Frage nach seiner Gebetsweise: »Ich bete wenig in Worten, ich tue diese mehr in der Aktion. Das Wichtigste ist aber ein Gleichgewicht zu finden, das – wie das Glück – nie permanent ist. Gott, in Deine Hände lege ich mein Leben, in Deine Hände lege ich diesen Tag, in Deine Hände lege ich diese Reise, in Deine Hände lege ich mein Tun.«

Der Weg nach innen und der Weg nach außen sind nicht zwei Wege, sondern ein und derselbe. Das Ziel des inneren Weges ist die Aktion, das Engagement in der Welt. Im wohl differenziertesten Buch christlicher Mystik, *Teresa von Avilas* »Wohnungen der Inneren Burg«, ermahnt sie ihre Ordensschwestern im Kapitel über die innerste siebte Wohnung: »Dazu ist das innere Beten da, meine Töchter, dazu dient die geistliche Vermählung mit dem Herrn, dass ihr immerfort Werke entsprießen, Werke!

In den großen Weltreligionen gibt es die bekannte Einheit von Beten, Fasten und Almosen geben. Das Beten wird in den religiösen Traditionen kaum je isoliert betrachtet, sondern die spirituelle Ebene des Religiösen wird meistens in enger Verbindung oder Einheit mit der sozialen Dimension des Glaubens thematisiert. Alle Versuche, die immer mal wieder von rechtskonservativen Politikern unternommen werden, religiöse Frömmigkeit und politisches Wirken zu trennen und somit die Religion in die Sakristei oder ins Schlafzimmer zu verbannen oder auf ein Medium der Moralisierung der Bürger zu reduzieren, sind gefährlich – jedenfalls gefährlicher als das andere Extrem, mit der Bergpredigt konkrete Parteipolitik betreiben zu wollen. Wer behauptet, Religion habe nichts mit Politik zu tun, versteht weder von Religion noch von Politik sehr viel.

Aus dem Schatz der letzten Jahrhunderte hat es glücklicherweise immer wieder Impulse gegeben, die der Trennung von Frömmigkeit und Engagement, von Mystik und Politik, von Gebet und Tun, von Kontemplation und Aktion entgegen gewirkt haben. Einige Perlen daraus seien hier zur Ermutigung erwähnt:

»Die Zuversicht ist gut und das Vertrauen fein;
doch bist du nicht gerecht, so bringt es dich in Pein.
Es ist zwar wahr, dass Gott dich selig machen will,
glaubst du, er will's ohn' dich, so glaubest du zuviel.«

Angelus Silesius

»Du und ich, lieber Gott,
Wir beide wissen es,
Dass deine Welt noch lange nicht
Fertig war, als der siebente Tag anbrach.

Du hattest dich dazumal
Darauf verlassen,
Dass deine Geschöpfe
Gehilfen dir würden.
O weh.

Leiden läutert uns nicht,
Und durch Schaden wird man nicht klug.
Nur gerissen.
– Herr, du gabst uns die Welt, wie sie ist
Gib uns doch bitte dazu
Das seinerzeit leider
Nicht mitgelieferte
Weltgewissen!« *Mascha Kaléko*

»Ich suchte Gott und ER entzog sich mir.
Ich suchte meine Seele und fand sie nicht.
Ich suchte meinen Nächsten und fand sie alle drei.«

Häftling in Sibirien

»Wahrlich, wer glaubt, Gottes mehr zu erlangen
in Innerlichkeit, Andacht und süßer Verzückung
als beim Herdfeuer oder in dem Stalle,
der tut wie einer, der seinen Gott nähme,
ihm einen Mantel um das Haupt wände
und ihn dann unter eine Bank schöbe.«

Meister Eckhart

Wir können unsere Verantwortung nicht auf Gott abschieben. Gleichzeitig können wir im Leben nie bloß auf unser eigenes Wissen und unsere Leistung vertrauen, sondern sind täglich ganz und gar auf die Hilfe und Nähe Gottes angewiesen. Die hohe Kunst eines spirituellen Weges besteht gerade darin, die kluge Balance zu finden zwischen Eigenverantwortung und Gottvertrauen. Auf beiden Seiten existieren Einseitigkeiten. Diejenigen, die etwas zu sehr auf die Seite eines unmündigen Gottvertrauens tendieren, nimmt der indische Jesuit *Anthony de Mello* in seinen Weisheitsgeschichten jeweils auf humoristische Weise aufs Korn:

»Ein Schüler kam auf seinem Kamel zu dem Zelt seines Sufi-Meisters geritten. Er stieg ab und ging direkt in das Zelt hinein, verneigte sich tief und sagte: ›Mein Vertrauen in Gott ist so groß, dass ich mein Kamel draußen nicht angebunden habe, weil ich überzeugt bin, Gott wird die Interessen derer, die ihn lieben, schützen.‹ ›Geh und binde dein Kamel an, du Narr‹, sagte der Meister. ›Man soll Gott nicht mit Dingen belästigen, die man selber tun kann.‹«

Ein frommer und religiöser Mann hatte schwere Zeiten durchzumachen. Er versuchte es nun mit folgendem Gebet: »Herr, erinnere dich an all die Jahre, in denen ich dir diente, so gut ich konnte und nichts dafür verlangte. Nun, da ich alt und mittellos bin, möchte ich dich zum ersten Mal in meinem Leben um eine Gunst bitten, und ich bin sicher, du wirst sie nicht abschlagen: lass mich in der Lotterie gewinnen.« Tage vergingen, dann Wochen und Monate. Nichts geschah. Schließlich rief er eines Nachts voller Verzweiflung: »Warum gibst du mir keine Chance, Gott?« Plötzlich hörte er die Stimme Gottes: »Gib mir auch eine Chance! Warum kaufst du dir kein Los?«

Über ein falsches Gottvertrauen darf man schmunzeln oder sich ärgern. Mehr Menschen aber leiden heute an einem mangelnden oder fehlenden Vertrauen auf Gott und müssen darum ganz auf ihre eigenen Kräfte und Leistungen bauen. Diese Menschengruppe kann das Wort von *Teresa von Avila* nicht oft genug beherzigen:

»Nichts soll dich verwirren,
betrüben und ängstigen,
nichts dich erschrecken.
Alles geht vorbei.
Gott allein bleibt derselbe.
Geduld erreicht alles.
Wer sich an Gott hält,
dem fehlt nichts, er hat alles.
Gott allein genügt.«

Von *Ignatius von Loyola* (1491–1556) wird seit dem 18. Jahrhundert der folgende Satz zitiert, der Leitfaden sein kann für ein gesundes, mündiges und verantwortliches Gottvertrauen: »Vertraue so auf Gott, als ob der Erfolg deiner Arbeit einzig von Gott abhinge und nicht von dir. Wende aber allen Fleiß so an, als ob von Gott nichts und von dir alles abhinge.« Diese Sichtweise macht viel Sinn. Fast identisch finden wir ein Zitat im jüdischen Talmud: »Handle so, als hänge alles von dir ab, und bete, als hänge alles von Gott ab.« Der Ursprungstext von Ignatius ist aber noch einmal mehr gedreht: »Vertraue so auf Gott, als ob der Erfolg deiner Arbeit ganz von dir und nicht von Gott abhinge: wende aber darauf allen Fleiß an, als ob du nichts und Gott allein alles vollenden werde.« Für Ignatius steht das Vertrauen auf Gott seinen eigen Anstrengungen nicht im Wege. Gottes Wirken und mein eigener Fleiß sind nicht zwei getrennte Dinge, sondern eins. In dieser Dialektik von Gottvertrauen und Eigenverantwortung spielt auch die Klugheit eine große Rolle im Unterscheiden von Situationen, die ich verändern kann, loslassen oder hinnehmen muss. Das bekannte Gebet um diese Unterscheidungsgabe wird je nach Wortlaut Friedrich Christoph Oetinger, Franz von Assisi, Wilhelm von Oranien und Reinhold Niebuhr zugeschrieben:

»Herr, gib mir die Kraft und Gelassenheit,
mit Gleichmut Dinge hinzunehmen, die ich nicht
ändern kann.

Gib mir den Mut,
Dinge anzupacken, die ich ändern kann.
Und schenk mir Weisheit,
um das eine vom andern zu unterscheiden.«

- Welche Gebetsformen sind mir bisher vertraut gewesen; und welchen bin ich hier neu begegnet?
- Welche Gebetsform würde ich gerne ausprobieren? Und welche Gebetsweisen entsprechen eher nicht meinem Naturell?
- Welches ist der nächste nötige Schritt zur Umsetzung?

VI Zu wem beten?

»Mit welchem Namen soll ich dich anrufen,
der du über allen Namen bist?
Du, der ›Über-Alles‹,
welchen Namen soll ich dir geben?
Welches Wort kann von dir sprechen?
Kein Geist kann in dein Geheimnis eindringen,
kein Verstand dich verstehen.
Von dir geht alles Sprechen aus,
aber du bist über aller Sprache.
Von dir stammt alles Denken,
aber du bist über allen Gedanken.
Du bist beides: alles und nichts,
nicht ein Teil, auch nicht das Ganze.
Alle Namen werden dir gegeben
und doch kann keiner dich fassen.
Wie soll ich dich also nennen,
du, der du über allen Namen bist?«

Gregor von Nyssa

Ein Gebet ist nicht erst dann Gebet, wenn ich dabei das göttliche Du direkt anspreche. Und ein Gebet ist nicht gottlos, wenn ich das Wort »Gott« darin nicht verwende, sondern wenn ich im Beten Gott als eine nützliche Sache gebrauche oder missbrauche, mit Gott Geschäfte mache oder Gott als Vorwand eigener Interessen oder als Alibi für eigene Versäumnisse verwende. Gleichzeitig möchte ich niemanden vereinnahmen, der sagt, dass er ohne ein göttliches Gegenüber meditiere und dies nicht als Gebet empfinde. Vielleicht muss man von »Gebet im engeren Sinn« und »Gebet im weiteren Sinn« sprechen, je nachdem, ob man sich als Gegenüber einen personalen Gott vorstellt oder nicht. Die jüdische und christliche Gebetstradition versteht sich klar dialogisch. Durch das Du werde ich zum Ich, durch Gott werde ich Mensch.

»Wo ich gehe – du
Wo ich stehe – du
Nur du, wieder du, immer du.
Du, du, du.
Ergeht's mir gut – du
wenn's weh mir tut – du
Du, du, wieder du, immer du.
Du, du, du.
Himmel – du
Erde – du
oben – du
unten – du
Wohin ich mich wende,
an jedem Ende
nur du, wieder du, immer du.
Du, du, du.« *Martin Buber*

Aus der Alltagserfahrung wissen wir, dass wir mit dem Firmenleiter anders reden als mit einer Freundin, mit dem Polizisten anders als mit einem Kind, mit der Mutter anders als mit dem Vater. Es ist darum wichtig, dass ich mich selber beobachte, wenn ich mit Gott das Zwiegespräch aufnehme. Welchem Bild entspricht das göttliche Gegenüber, wenn ich es anspreche? Wer ist dieses Du? Die Mystikerin Teresa von Avila war in diesem Punkt sehr streng mit ihren Karmeliterschwestern. Diese sollten sich ganz klar darüber sein, zu wem sie beteten: »Wenn ich das Vaterunser bete, dann erscheint es mir als Liebespflicht, zu verstehen, wer dieser Vater und wer der Meister ist, der uns dieses Gebet lehrt.« Gleichzeitig soll man laut Teresa von Avila beim inneren Gebet selbstkritisch darüber nachdenken, wer man selbst als Betende ist und in welcher Situation man sich gerade befindet. Teresa selbst betrachtete sich beim inneren Beten als Braut und Christus als ihren Verlobten, der sich vorbereitet, sie in sein Haus aufzunehmen. Ehe wir uns also fragen, zu wem wir eigentlich beten, stellt sich die Frage, wer es eigentlich ist, der betet. Wer bin ich in Bezug zu Gott? Bedürftiges Kind, suchender Pilger, mündige Partnerin, Unternehmensberater in seiner mangelhaften Schöpfung, kritischer Beobachter am Spielrand?

Wir haben darüber reflektiert, dass sich die Gebetsweise je nach unserer Lebenssituation zwischen Kindheit und Drittem Lebensalter stark verändert und dass in uns stets mehrere Teilpersönlichkeiten beten: das Kind-Ich, das Erwachsenen-Ich und das Eltern-Ich. Ob wir heute als Erwachsene noch beten und wie wir beten, hängt wesentlich von unserem Gottes- und Christusbild ab. In Diskussionen mit älteren Herren, bei denen ich spürte, dass sie in ihren Argumentationen von einem strafenden Polizisten-Gott ausgingen, habe ich schon öfters provokativ gesagt: »Sag mir, wie Dein Gott ausschaut, und ich sage Dir, ob ich an ihn glauben und zu ihm beten will.«

Junge Eltern, Großeltern oder Erzieher/innen brauchen sich nicht nur für sich selbst die Frage zu stellen, ob sie zu einem göttlichen Du beten wollen und können, sondern werden sehr oft durch Kinder oder Behinderte herausgefordert in der Vermittlung von Gottesbildern. Sollen sie das Bild vermitteln vom Gott als Mann im Himmel, der in sieben Tagen Mensch, Tier und Pflanzen erschaffen hat, wenn sie es selbst bezweifeln? Sollen sie mit Kindern zum Christkind, zum Nikolaus und zu den Engeln beten? Und wie? Es ist wichtig, mit einem Kind entsprechend seiner Entwicklung mit und über Gott zu sprechen. Eine meiner Studentinnen in Sozialpädagogik schrieb in einer Semesterarbeit über das Beten im Kinderheim: »Ein Kind in der magischen Phase wünscht sich vom allmächtigen Gott im Himmel mit den großen Zauberhänden eine augenblickliche Genesung seiner Katze. Das Gebet eines Kindes in der Jugendzeit zeigt die Fähigkeit des kombinatorischen Denkens, indem es darum bittet, Gott möge dem Tierarzt helfen, die Katze zu retten. Das Bedanken für die empfangenen Gaben sowie das Anbieten von guten Taten als Gegenleistung für die Hilfe Gottes könnten ebenfalls Bestandteile des Gebets sein.«

Unsere Gottesbilder sind nicht nur individuell sehr verschieden, sondern auch kulturell stärker geprägt, als wir es vermuten. Wenn man die Gebetstraditionen aus verschiedenen Kulturen, Religionen und Jahrhunderten studiert, fällt auf, dass das Gottesbild stark von den konkreten gesellschaftlichen Strukturen abhängt. So sind beispielsweise in China, Japan und Indien die Gebete zu den Göttern stark von den hierarchischen Gesellschaftsstrukturen bestimmt. Der japanische Kaiser wurde und wird bis heute als Nachkomme der Götter verehrt.

Als ich vor 20 Jahren in Tirol im Noviziat der Jesuiten war, hatte ich oft Mühe, mich auf die dortige Gebetstradition einzulassen. Entweder fanden die Tiroler den lieben Gott nur in den Felsen über 3000 Metern, wo für mich vor allem der Teufel und allenfalls noch ein paar Schutzengel hocken, oder sie beteten zu Gott und Maria so, als wären sie die Verwandten der letzten österreich-ungarischen Kaiserfamilie.

Bei manchen frei formulierten Fürbitten in religiösen Feiern habe ich auch heute noch Mühe. Oft höre ich Gebete wie: »Ich bitte Christus, er möge meiner Schwester beistehen, die morgen operiert wird…« oder: »Ich bitte Gott, dass er den Opfern des Erdbebens Trost, Kraft und Hilfe schenke.« Ich frage mich, warum diese Menschen ihre Wünsche nicht in der Du-Form direkt Christus und dem lieben Gott als Gebete mitteilen, sondern lediglich uns einen frommen Vorgang beschreiben. Wenn ich sage: »Ich bitte Jesus, dass morgen schönes Wetter sei«, beschreibe ich lediglich ein Gebetsanliegen, aber bete nicht wirklich. Selbst wenn ich dazu noch eine Kerze anzünde. Zum Glück dürfen wir davon ausgehen, dass sich Gott nicht besonders um grammatikalische Formen schert, zumal es allein auf unserem kleinen Planeten rund 7 000 Sprachen gibt, in denen Menschen sich an Gott wenden.

Wenn ich in geistlichen Begleitgesprächen höre, dass jemand nicht mehr beten kann, frage ich zunächst nach ihrem oder seinem Gottesbild und zu wem diese Person eigentlich betet: zu Gott-Vater, Gott-Mutter, Jesus von Nazaret, dem kosmischen oder universalen Christus, zum Heiligen Geist, zu Maria, zu den Heiligen, Engeln oder Ahnen? Diese Fragen können wir uns alle und immer wieder neu stellen: Zu wem bete ich? Zu welcher »Person«, Macht oder Instanz? Wie genau sieht diese aus? Und in welcher Rolle und in welchem Bild sehe ich mich selber in Bezug auf das göttliche Wesen?

Viele Menschen beten zu Gott und verbinden damit in der Regel den Vater-Gott, wie ihn die Jüdinnen und Juden verehren und in der Folge auch Jesus vermittelt hat.

Bei den Christen in Westeuropa und in den USA, wo die Feministische Theologie am weitesten gediehen ist, besteht mit Recht eine Kritik an rein männlich geprägten Gottesbildern und an einer patriarchalen Sprache in Bibel, Theologie und Liturgie. Darum ist es gerade in Gebeten immer gebräuchlicher, Gott als Vater und Mutter anzusprechen, mit ER und mit SIE. Dasselbe gilt für DEN Heiligen Geist bzw. DIE Heilige Geistin oder DIE Heilige Geistkraft. Man könnte einwenden, dass diese Unterscheidung unnötig sei, weil es sich immer nur um anthropomorphe Worte und Bilder von Gott handelt und Gott über all diesen Kategorien steht. Ich halte dieses Argument nicht für sehr stichhaltig. Es ist eher eine Schutzbehauptung der Männer. Durch die weiblichen Formen und Attribute kann unser Bild von Gott nur gewinnen, ergänzt und bereichert werden.

Oft ist mir nicht klar, wen die Gebete und Betenden meinen, wenn sie sich an den »Herrn« richten. Wenn man genauer auf die Inhalte der Gebete hört, fällt auf, dass mit »Herr« manchmal Gott-Vater gemeint ist und andere Male der Sohn, Christus, angesprochen wird. Teresa von Avila lässt immer wieder grüßen: Seid klar, zu wem ihr betet und wer ihr im Gebet seid!

Auch in den Gebeten, die klar Christus ansprechen, kommt mir meistens eine Konfusion entgegen. Manchmal wird der universale, manchmal der kosmische, manchmal der eucharistische und sehr oft der historische Christus angesprochen. Ich finde es aber in der Christus-Beziehung wichtig, ob ich mich an die Person Jesus von Nazaret wende oder an jenen Christus, von dem Paulus im Kolosser-Hymnus schreibt: »Er ist der Erstgeborene der ganzen Schöpfung. In ihm wurde alles erschaffen im Himmel und auf Erden, das Sichtbare und das Unsichtbare, Throne und Herrschaften, Mächte und Gewalten; alles ist durch ihn und auf ihn hin geschaffen. Er ist vor aller Schöpfung.« (Kolosser 1,15-17). Manche spirituelle Autoren vermitteln Christus als den jungen wilden Mann aus Nazaret, als Freund der Armen, Fremden und Frauen sowie als Sozialkritiker und versöhnenden Heiler. Das ist alles gut und richtig. Gleichzeitig liegt in diesen irdischen Bildern die Gefahr der Banalisierung, wie sie der Mystiker, Paläontologe und Jesuitenpater *Pierre Teilhard de Chardin* (1881–1955) formulierte: »Christus als Kollege, als Kumpel kann man nicht anbeten, das stößt mich ab.«

In der christlichen Theologie wurde Gott als Wesen in drei Personen bzw. Dimensionen definiert. Diese Vorstellung gibt uns die Möglichkeit, mehr zur einen oder anderen Person der drei-einen Gottheit zu beten. Manche fühlen es durch die Aufteilung in Gott-Vater, Sohn und Geist eher schwierig, eine klare persönliche Beziehung und Kommunikation zu Gott zu finden.

»Ich habe häufig Mühe mit der Vorstellung der Dreieinigkeit: Bete ich nun zum lieben Gott, zu Gottvater, zu Jesus oder zum Heiligen Geist? Darum rede ich lieber mit meinem persönlichen Schutzengel. Gerade wenn ich mit Christen aus Freikirchen rede, erhalte ich oft die Antwort, man solle zu Jesus beten. Aber Jesus ist doch ein Teil der Dreieinigkeit, oder nicht?« (Mann, 43 Jahre)

Ich kann den historischen Jesus von Nazaret nicht direkt anbeten wie ich Gott als letzte Wirklichkeit anbete, auch wenn die Theologie mit der Zwei-Naturen-Lehre besagt, dass dieser Jesus ganz Mensch und ganz Gott ist. In der täglichen Bibelmeditation kann ich Jesus sehr nahe kommen, kann Liebe und Beziehung zu ihm entwickeln und kann zu ihm beten. Mit Jesus kann man sich in guten und schlechten Zeiten solidarisieren, da es kaum ein Leiden gibt, das er nicht selber am eigenen Leib gespürt hat.

Zum Heiligen Geist bzw. zur Heiligen Geistin haben Menschen unterschiedlich starken Kontakt. Die Geistkraft ist immer da in uns, aber doch nicht sichtbar, etwas geheimnisvoll, wir wissen weniger von ihr als von Gott-Vater und seinem Sohn. Als ich in den 30-tägigen Exerzitien im Schweigen vor ein paar Jahren lange über mein Verhältnis mit dieser mysteriösen göttlichen Figur reflektierte, kam mir auf einmal das Wort: »Ich kann nicht nicht da sein, ich bin die Innenseite und Rückseite von allem, was ist.« Seither mache ich mir keine Gedanken mehr über Gottes Geist, er ist einfach da, stets und überall. Paulus erwähnt in seinen Briefen an die Gemeinden von Rom und Korinth, dass uns der göttliche Geist sehr verschiedene Gaben oder Talente verleiht, mit denen wir einander dienen können: Wahrheit mitteilen, Erkenntnis vermitteln, Glaubenskraft, Krankheiten heilen, Wunderkräfte, prophetische Rede, Geister unterscheiden, in Zungen reden, dienen, lehren, trösten, ermahnen, selbstlos geben, vorstehen sowie die Barmherzigkeit freudig üben. Der lichtvolle Geist Gottes deckt Verborgenes auf und führt uns zu mehr Freiheit, der Geist als Atem Gottes erneuert uns und belebt unseren Glauben, und er verbindet die Menschen in ihrer Verschiedenheit zu einer größeren Gemeinschaft. Der frühere Verantwortliche der Schweizer Jesuiten, Alois Baiker, hat die jährlichen persönlichen Gespräche mit all den Mitbrüdern immer mit dem gemeinsamen Gebet der Pfingstsequenz begonnen. In diesen Worten liegt eine einzigartige Energie, die löst, ermutigt und befreit. Darum verwende ich dieses Gebet heute speziell beim Beginn von Beicht- und Begleitgesprächen.

»Komm herab, o Heil'ger Geist, der die finstre Nacht zerreißt, / strahle Licht in diese Welt. / Komm, der alle Armen liebt, komm, der gute Gaben gibt, / komm, der jedes Herz erhellt. / Höchster Tröster in der Zeit, Gast, der Herz und Sinn erfreut, / köstlich Labsal in der Not, / in der Unrast schenkst du Ruh, hauchst in Hitze Kühlung zu / spendest Trost in Leid und Tod. / Komm, o du glückselig Licht, fülle Herz und Angesicht / dring bis auf der Seele Grund. / Ohne dein lebendig Wehn, kann im Menschen nichts bestehn, / kann nichts heil sein noch gesund. / Was befleckt ist, wasche rein, Dürrem gieße Leben ein, / heile du, wo Krankheit quält. / Wärme du, was kalt und hart, löse, was in sich erstarrt, / lenke, was den Weg verfehlt. / Gib dem Volk, das dir vertraut, das auf deine Hilfe baut, / deine Gaben zum Geleit. / Lass es in der Zeit bestehn, / deines Heils Vollendung sehn / und der Freuden Ewigkeit. Amen.«

Vor fünf Jahren luden mich Freunde aus einer methodistischen Gemeinde zum Gottesdienst ein. In der Predigt machte der Referent eine Viertelstunde lang die Katholiken runter und kritisierte vor allem, dass bei den Katholiken die einfache Frau Maria zur Göttin erhoben und mehr verehrt würde als Gott selbst. Meinen

Freunden war die Sache arg peinlich, da sie ihre Kirche für recht tolerant und offen hielten. Ich dagegen habe mich eher amüsiert über diese anachronistische Pflege konfessioneller Klischees. Maria wird nicht in gleicher Weise wie Gott angebetet, gelobt und gepriesen. Zu Maria wird meistens nicht ganz zweckfrei gebetet. Meistens wird sie um Hilfe angesucht. Ich habe zu manchen katholischen oder orthodoxen Marienkulten wenig Zugang und bin froh um den Einfluss der Feministischen Theologie, die in Maria die starke, mutige Frau betont und die Verehrung Marias dort hinterfragt, wo Maria instrumentalisiert wird zur Glorifizierung biologischer Jungfräulichkeit und Zementierung einer rein dienenden Frauenrolle. Dass Maria eine mutige, starke Frau war, ist nicht nur ein Wunschgedanke heutiger Feministinnen, sondern geht aus dem Gebet Marias im Lukas-Evangelium (1,46-55) hervor:

»Siehe, von nun an preisen mich selig alle Geschlechter. / Denn der Mächtige hat Großes an mir getan. / Er zerstreut, die im Herzen voll Hochmut sind. / Er stürzt die Mächtigen vom Thron und erhöht die Niedrigen. / Die Hungernden beschenkt er mit seinen Gaben / und lässt die Reichen leer ausgehen ...«

Interessant ist auch, dass Maria im Dialog der Religionen ein stärkeres Verbindungsglied darstellt als Gott und Christus. Im Koran ist Maria eine ganze Sure gewidmet. Die Schwarze Madonna hat in einigen nicht-christlichen Traditionen eine starke Bedeutung. In manchen Göttinnen in Hinduismus (Schakti, Lakschmi, Kali) und Buddhismus (Kannon, Kanzeon) werden ähnliche Charaktere verehrt wie bei der Mutter Jesu. In den Exerzitien empfiehlt Ignatius am Ende von einigen Meditation das Gespräch zu Maria, um durch ihre Vermittlung bestimmte Dinge von Christus oder von Gott zu erbitten. Ich musste schmunzeln, als ich diese Geistlichen Übungen zum ersten Mal machte. Es kamen mir einige Szenen aus der Kindheit in den Sinn, wo ich auch erst einmal meine älteren Geschwister vorschickte, um von meiner Mutter etwas zu erreichen oder wo wir unsere Mutter als Vermittlerin beim Vater einsetzten. In manchen Gebeten quer durch die Jahrhunderte wird Maria in einem Atemzug mit weiteren Heiligen und mit den Engeln sowie dem Herzen Jesu um Hilfe gebeten.

Gerade bei den Gebeten zu Maria, zu den Heiligen und Engeln möchte ich wiederum Teresa von Avilas Rat zu bedenken geben: dass wir uns genau bewusst sind, zu wem wir beten und in welche Rolle wir uns dabei selbst begeben.

»Gedenke, o gütigste Maria, dass seit Ewigkeit nie jemand, der zu dir seine Zuflucht nahm, deinen Beistand anrief, um deine Fürbitte flehte, von dir sei verlassen worden. Von diesem Vertrauen beseelt, eile ich zu dir, zu dir komme ich, vor dir stehe ich seufzend. Verschmähe nicht meine Worte, höre sie gnädig an und erhöre mich! Amen.« *Bernhard von Clairvaux*

»Heilige Jungfrau und Gottesmutter Maria, mein heiliger Engel und ihr lieben Heiligen des himmlischen Reiches, legt Fürsprache für mich ein, damit ich Gottes Huld an mir erfahre. Helft mir gut sein.

Glorreicher heiliger Josef, Bräutigam Mariens, nimm uns unter deinen väterlichen Schutz; wir beschwören dich darum durch das Heiligste Herz Jesu.«

Franz von Sales

Manche Zeitgenossen beten nicht zu einer der drei göttlichen Personen, sondern zu den Engeln. Abgesehen davon, dass sich Engel offenbar als Bilder, Geschenkpapier und Kerzen leicht vermarkten lassen, geht der positive Zugang zu den Engeln bei vielen auf die Kindheit zurück.

»Ich bitte häufig meinen Schutzengel um Beistand. Vielleicht habe ich diesbezüglich ein Problem, dass ich nicht nur mit Gott rede, sondern praktisch bei einer unteren Instanz anklopfe. So im Sinne von: Für die kleinen Alltagssorgen erhoffe ich mir Beistand von meinem Schutzengel, der auch schon mal im Auto neben mir sitzt, auf dem Motorrad hinter mir mitreitet und den ich bitte, mich zu leiten und zu führen. Wenn es um wirklich wichtige Sachen geht, bete ich zu Gott.« (Mann, 43 Jahre)

Die meisten Menschen assoziieren mit den Engeln nur Positives, während manche mit Gott und Christus negative Erfahrungen und Zweifel in Verbindung bringen. Da Engel als geschlechtslose Wesen gelten und in der Kunst auch meistens als asexuelle Wesen dargestellt werden, wenden sich wohl speziell Menschen an die Engel, für die die Sexualität und das Frau- bzw. Mann-Sein eine eher belastende Dimension im Leben darstellt.

Das Gebet zu den Heiligen fällt auch vielen Menschen leichter als jenes zu einem Gott, der hoch über den Wolken thront. Die Heiligen haben auf Erden gelebt, haben sehr oft eine zwielichtige Vergangenheit erfahren, haben das Leben in allen Schattierungen gekannt und werden von den Kirchen für ganz bestimmte Funktionen eingesetzt. Die heilige Barbara ist Patronin der Architekten, Totengräber, Metzger, Köche, der Artillerie und hilft im Sterben. Der heilige Blasius hilft bei stecken gebliebenen Fischgräten und Halsschmerzen. Franz von Assisi, Patron der Armen, hilft bei Kopfschmerzen, Ignatius von Loyola hilft bei schweren Geburten, Viehkrankheiten und Dämonen. Maria Magdalena hilft Frauen, Parfümherstellern und Weinhändlern. Nikolaus von Myra ist der Patron der Gastwirte und hilft bei Ausschlägen. Kinder beten selbstverständlich zum heiligen Nikolaus, um am 6. Dezember einen prall gefüllten Sack oder Stiefel mit Geschenken und Süßigkeiten zu erhalten. Der Lieblingsheilige und Großverdiener meiner Mutter ist der heilige Antonius von Padua. Er ist Spezialist für das Wiederauffinden verlorener Gegenstände (daher auch der Scherzname »Schlampertoni«). Natürlich scherzten wir früher oft, wenn meine Mutter dem Antonius für die verlegten Autoschlüssel und Brillen ein Trinkgeld versprach. Tatsache ist aber, dass die Sachen immer wieder auftauchten.

Im Sinn einer Hierarchie könnte man nun annehmen, mit den Heiligen an ein Ende des Kapitels gelangt zu sein. Manche Kulturen und Religionen beten vor allem zu ihren Ahnen. In der katholischen Traditionen bittet man die Verstorbenen ähnlich wie Maria um Fürsprache für unsere persönlichen Anliegen. Natürlich gab und gibt es immer auch fragwürdige Formen der Verehrung von Menschen und Dingen. Zur Zeit Mose tanzten die Menschen um das goldene Kalb, heute um den Petro-Dollar. Und die Opfer, die im 21. Jahrhundert jeden Tag neu dem Gott Krieg gebracht werden, lässt einen auch an jeglichem Fortschritt der Menschheit zweifeln.

Es gibt aber auch ein sinnvolles Beten zu und über Menschen und Dinge, solange man sie klar als Geschöpfe Gottes sieht. Wenn wir im Sinn der ignatianischen Spiritualität Gott in allen Dingen suchen und finden, können wir auch in allen Dingen zu Gott beten. Der Jesuit und Paläontologe *Pierre Teilhard de Chardin* hat eine ganze »Hymne an die Materie« verfasst, die höchst eindrücklich ist.

»Gesegnet seist du, herbe Materie, unfruchtbarer Boden, harter Fels, du, die du nur der Gewalt weichst und uns zwingst zu arbeiten, wenn wir essen wollen. Gesegnet seist du, gefahrvolle Materie, gewalttätiges Meer, unzähmbare Leidenschaft, du, die du uns verschlingst, wenn wir dich nicht anketten. Gesegnet seist du, machtvolle Materie, unwiderstehliche Evolution, immer neugeborene Wirklichkeit, du, die du in jedem Augenblick unsere Rahmen sprengst, uns zwingst, die Wahrheit immer weiter zu verfolgen. Gesegnet seist du, universelle Materie, grenzenlose Dauer, uferloser Äther – dreifacher Abgrund der Sterne, der Atome und der Generationen – du, die du, unsere engen Maße überflutend und auflösend, uns die Dimensionen Gottes offenbarst. Gesegnet seist du, undurchdringliche Materie, du, die du, überall zwischen unsere Seelen und die Welt der Wesenheiten gespannt, uns vor Verlangen schmachten lässt, den nahtlosen Schleier der Phänomene zu durchstoßen. Du herrschest, Materie, in den erhabenen Höhen, wo die Heiligen glauben, dir auszuweichen – so durchsichtiges und so bewegliches Fleisch, dass wir dich nicht mehr von einem Geist unterscheiden. Trage mich dorthin empor, Materie, durch das Bemühen, die Trennung und den Tod – trage mich dorthin, wo es endlich möglich sein wird, das Universum keusch zu umarmen! 8. August 1919«

- Zu wem bete ich normalerweise? Bete ich je nach Situation, Anliegen und Stimmung zu einem anderen DU?

- Zu welcher Dimension des Göttlichen habe ich kaum Kontakt?

- Welche Gebetsform möchte ich gerne ausprobieren? Welches wäre der nächste Schritt?

VII Mit wem beten?

»Das Beten ist für mich etwas sehr Intimes und Persönliches. Darum geniere ich mich, wenn andere Personen mich auffordern, mit ihnen zusammen zu beten. Ich kann das dann nicht. Mir ist das peinlich und unangenehm. Ich kann es nicht einmal mit meinem Mann (außer über die Kinder). Gleichzeitig möchte ich das Beten eigentlich lieber mit anderen Menschen teilen. Das ist mir leider nur im geschützten Raum einer Kirche, eines Gottesdienstes oder mit meinen Kindern möglich.« (Frau, 40 Jahre)

Wir sind Individualisten und leben in einer individualistischen Gesellschaft – mit allen Vor- und Nachteilen. Religion und Kirche, Glaube und Gebet können als Teil des Menschen und der Kultur davon selbstverständlich nicht unberührt bleiben. In einem früheren Kapitel habe ich meine Trauer über und meine Angst vor einer allzu privatisierten Religiosität bereits geäußert. Darum möchte ich auch dem Beten in Gemeinschaft gerne etwas Auftrieb gönnen. Natürlich nicht einfach blindlings und undifferenziert. Manche Gebetsgruppen finde ich höchst fragwürdig, etwa wenn George W. Bush seinen engsten Stab morgens ins »Oval Office« beordert, um dort seine Kreuzzüge von seinem Kriegsgott absegnen zu lassen.

Soll man alleine oder in Gemeinschaft beten? An sich ist diese Frage ja nicht die entscheidende. Ich kann mich auch allein in der Wüste und hinter dicken Klostermauern im Gebet mit der ganzen Welt zutiefst verbinden. Und ich kann beim Gemeinschaftsgebet in der Kathedrale völlig selbstbezogen beten, gruppenegoistische Ziele verfolgen und die halbe Welt ausschließen. Gleichzeitig ist und bleibt das Gebet ein ganz persönlicher Akt – ob ich nun alleine im Bett bete oder in einer Gruppe.

Das Beten in Gemeinschaft ist zweifellos kraftvoll. Diese Erfahrung ist nicht leicht zu erklären. Man muss diese Kraft erleben. Die Kraft des kollektiven Gebets wird auch in den meisten Religionen bestätigt und empfohlen. Von Jesus stammt das Wort: »Alles, was zwei von euch auf Erden gemeinsam erbitten, werden sie von meinem himmlischen Vater erhalten« (Matthäus-Evangelium 18,19–20). Der Prophet Mohammed sagte: »Das Gebet in Gemeinschaft erhält den 27-fachen Lohn des Einzelgebets.«

Bedenkenswert ist die Tatsache, dass Jesus seine Freunde ein Gebet lehrte, das offenbar in Gemeinschaft gesprochen werden sollte: »Vater unser ... gib uns unser Brot, vergib uns unsere Schuld ...« Jesus hat offenbar bewusst nicht die Formulierung gewählt: »Vater mein, gib mir mein Brot, vergib mir meine Schuld ...« In den ersten Jahrhunderten nach Christus hat man das persönliche Gebet in den eigenen vier Wänden praktisch nicht gekannt. Heute ist dies umgekehrt. Wir ziehen uns mit unserem Gott in die eigenen vier

Wände zurück und der Glauben verschwindet in die Intimsphäre.

Menschen, die in ihren Paarbeziehungen, in ihren Familien und mit Freunden nicht gemeinsam beten können, vermissen oft sehr stark die spirituelle Dimension in der Beziehung. Im Gebet drücken wir unsere tiefsten und ehrlichsten Sehnsüchte, Hoffnungen, unser Glück, unseren Dank sowie unsere Ängste, Zweifel und alles Leid aus. Wenn wir dies mit unseren Lieben teilen können, ist das ein einmaliges Geschenk und verleiht den Beziehungen eine Tiefe, die auf anderen Wegen kaum zu erreichen ist. Vielleicht kann diese Lektüre nicht nur eine persönliche Anregung sein für das Wie, Warum und Wofür des Betens, sondern auch für die Frage, ob ich diesen Teil meines Lebens mit jemandem teilen möchte und kann.

- Mit wem bete ich normalerweise?
- Mit wem würde ich mein Gebetsleben und meinen spirituellen Weg gerne teilen?

VIII Wann und wo beten?

»Jemand mag übers Feld gehen und sein Gebet sprechen und Gott erkennen; er mag in der Kirche verweilen und Gott erkennen. Wenn jemand deshalb Gott besser erkennt, weil es an einem ruhigen Platz ist, wo er das gewohnt ist, so liegt das an der eigenen Unzulänglichkeit und nicht an Gott. Denn Gott ist gleich in allen Dingen und an allen Orten. Und Gott ist bereit sich gleich zu geben soweit es an ihm liegt.«

Meister Eckhart

In jedem Satz steckt ein Körnchen Wahrheit. Ich kann zu Gott an jedem Ort, zu jeder Zeit, in jeder Lage und Situation beten. Und doch ist es nicht ganz egal, wann und wo ich bete. Mein früherer Chef und Vorgänger im Lassalle-Haus, der Zen-Meister und Jesuit Niklaus Brantschen, versuchte während vieler Jahre, mich morgens um halb sieben zum Meditieren in der Hausgemeinschaft zu bewegen. Dies gehöre einfach dazu. Und er fand immer wieder neue sinnvolle Argumente. Meine Antwort, der frühe Morgen sei einfach nicht meine Zeit, konnte er einfach nicht verstehen, bis er vor ein paar Monaten einen Artikel über den Bio-Rhythmus des Menschen las und eine wissenschaftliche Begründung bekam für mein Phänomen, bis in alle Nacht kreativ zu arbeiten und dafür am Morgen vor acht Uhr in Ruhe gelassen werden zu wollen. Jeder Mensch hat im Verlauf des Tages Phasen, wo er mehr oder weniger wach, aufmerksam und konzentriert ist. Und wenn man während einer Phase beten will, in der man nicht nur gähnen und dösen muss, ist es wichtig, den Zeitpunkt, wo die Kinder erwachen, bewusst zu wählen. Da gerade Menschen mit Familie ab dem Zeitpunkt kaum mehr fünf Minuten Stille für sich finden können, ist der frühe Morgen zweifellos ein geeigneter Zeitpunkt für ein regelmäßiges Gebet. Ich kenne auch einige Leute, die Nacht für Nacht oft mehrere Stunden wach liegen und den Schlaf nicht wieder finden, weil sie ins Grübeln und Sinnieren kommen. Als ich letzthin im Krankenhaus mit einem hoch gelagerten Bein des Öfteren nachts aufwachte, betete ich fest formulierte Gebete, ein paar »Vaterunser« und »Gegrüßt seist du, Maria« – und schon bald lag ich wieder im ruhigen Schlaf.

Manche Menschen kommen unmöglich jeden Tag dazu, eine längere Zeit im Gebet zu verbringen. Eine Gefahr liegt dann gerade bei Perfektionisten darin, dass sie sagen: Weil ich nicht jeden Morgen oder Abend eine halbe Stunde meditieren kann, lasse ich's gleich bleiben! Vielleicht lässt sich ja der Weg zur Arbeit, zum Bus oder zum Zug am Morgen und am Abend zu Fuß oder mit dem Fahrrad zurücklegen und ich kann diesen Weg ganz bewusst gehen und beispielsweise das Herzensgebet gehend üben. Oder abends das »Gebet der liebenden Aufmerksamkeit« auf dem Heimweg machen, wenn daheim Stille und Alleinsein kaum möglich sind. Wichtig ist nicht die Länge der Gebete, sondern eine bestimmte Regelmäßigkeit, damit mich das

Gebet wie ein *cantus firmus* im Alltag begleitet und mir Gott und das Beten nicht nur in tiefster Not in den Sinn kommen.

»Während des Tages bete ich ab und zu kurz, danke für etwas besonders Schönes, bitte um Kraft, um Hilfe, um Führung etc. Auch während Beratungen mit Klienten bete ich zum Teil, bitte um die richtige Frage, um das Gespür für das Wesentliche. Das alles geschieht aber spontan und oft auch ohne Worte. Es ist am ehesten zu beschreiben als ein nach innen wenden und hören, was die innere Quelle oder eben Gott mir sagt.« (Frau, 39 Jahre)

Wenn gewisse Gebete nicht täglich möglich sind, dann kann ich vielleicht eine spezielle Wochenend-Kultur kreieren, reserviere mir monatlich einen Tag oder ein Wochenende der Stille oder gönne mir jährlich eine oder zwei Wochen mit Gebet, Meditation, Pilgern oder Fasten.

An dieser Stelle lade ich Sie ein, ein paar Gedanken über das Wann des Betens anzustellen:

- Wann bete ich normalerweise? (Tageszeit, Stimmung, Situation) Und zu welchen Zeiten könnte ich in Zukunft die Kommunikation mit Gott suchen?

Und wo bete ich? So wie ich zu jeder Zeit beten kann, ist dies auch an jedem Ort der Welt möglich. Es gibt inzwischen ganze Bücher über Kraftorte, die sehr hohe

Bovis-Einheiten enthalten sollen. Viele Menschen kennen heute Orte, die uns fast magisch anziehen, die eine unglaubliche Ruhe und Sammlung ausstrahlen und zu Stille und Gebet einladen. Das müssen nicht zwingend Kirchen und Kapellen sein. Viele Menschen erleben Gott in der Natur. Wenn wir die biblischen Geschichten betrachten, so sind Berge und Wüsten, Quellen und Brunnen die bevorzugten Orte der Gottesbegegnung.

Auch wenn es keine absolut zwingende Voraussetzung für das Gelingen des Gebets ist, ist ein Ort mit bethafter Atmosphäre doch von Vorteil: In der Wohnung zwischen Pult und Klavier mit Blick auf Computerkabel und Bürostuhl komme ich zweifellos weniger leicht zur Ruhe als in einem Raum mit wenig Ablenkung, gedämpftem Licht, Stille und angenehmem Duft. Immer mehr Krankenhäuser und Kliniken, Firmen und Organisationen merken, wie wichtig Stille-Räume sind. Gerade an Flughäfen und Bahnhöfen, wo das Leben sehr turbulent ist, suche ich diese Räume gerne auf, auch wenn sie aus Rücksicht auf alle Weltreligionen eher kahl und leer sind. Eindrücklich ist der Stille-Raum gleich in der Eingangshalle des UNO-Hauptquartiers in New York, den wir Dag Hammarskjöld verdanken.

Wann und wo ich bete, ist letztlich nicht entscheidend. Empfehlen würde ich allerdings, dass Ort und Zeit nicht ständig wechseln und ich das Rad täglich neu erfinden muss. Eine gewisse Ritualisierung des Gebetslebens ist von großem Vorteil. Das muss nicht gleich wie im Kloster geschehen. Es ist gut, einen Ort in meiner Nähe zu kennen, wo ich relativ ungestört beten kann. Denn die innere Unruhe und gedankliche Ablenkungen sind dann immer noch zahlreich genug. Als ich in Zürich eine Klasse von 10-jährigen Schülern unterrichtete, habe ich die Lektionen immer im Stille-Raum beendet mit 5 Minuten Schweigen. Schon nach wenigen Wochen erzählten mir mehrere Schülerinnen, sie hätten nun daheim in ihrem Zimmer eine stille Ecke eingerichtet, in der sie sich hin und wieder zurückziehen würden.

Und so können Sie sich auch die Frage nach dem Wo des Betens stellen:

- Wo bete ich? (Kirche, daheim, unterwegs, an speziellen Orten)
- Wo kann ich mir in Zukunft vorstellen, regelmäßig die Kommunikation mit dem Göttlichen zu suchen?

IX Wann und warum nicht beten?

Ein solches Kapitel sollte es im Prinzip nicht geben müssen. Beten sollte man doch nie jemandem abraten. Ich meine aber doch, dass es Situationen gibt, in denen ich jemandem raten würde, eine Gebetspause einzuschalten oder eine bestimmte Gebetsweise aufzugeben und eine neue Form einzuüben.

Beten aus Pflichterfüllung

»Gott, ich knie vor deinen Bildern,
ich halte die Gebote,
kritisiere nie den Papst und die Bischöfe
und gehe jeden Sonntag zur Kirche.

Ich spreche kunstvolle Gebete,
esse freitags kein Fleisch,
wähle die konservativ-christliche Partei
und gebe den Armen Spenden.

Ich lasse meine Wohnung und das Auto segnen,
bekenne regelmäßig meine Sünden,
nehme beschwerliche Wallfahrten auf mich
und ziere meine Stube mit einer Madonna –
kann ich zu meinem Heil sonst noch was tun?«

In den letzten zwölf Jahren habe ich mehrere Berufschrist/innen begleitet, vor allem ältere Schwestern und Priester. Diese sind vom Kirchenrecht her verpflichtet, jeden Tag die offiziellen Gebete der Kirche zu beten. Ältere Schwestern, deren Kräfte langsam nachlassen, wie auch jüngere, die voll im Beruf stecken und mit der tradierten Aufopferungsmentalität bis zu 200 Prozent arbeiten, fühlen sich durch diese Gebetsform völlig überfordert und bekommen zusätzlich noch Schuldgefühle, wenn sie das Pflichtpensum nicht schaffen. Wenn dann jemand noch ein wenig ängstlich veranlagt ist und wenig innere Freiheit besitzt, kann das Gebetsleben zu einem einzigen Albtraum werden. Mehrmals habe ich schon älteren Nonnen empfohlen, das Pflichtgebet teilweise oder ganz aufzugeben und das stille innere Gebet mit Christus einzuüben, sei es in den schlaflosen Nächten oder auf den täglichen Spaziergängen. Eine nun 80-jährige Schwester ist dadurch richtig aufgeblüht und berichtet mir hin und wieder von ihrer höchst liebevollen Beziehung zu Christus und spricht dabei von ihm nur noch von »mein Freund«.

Das Gegenteil des Pflichtgefühls ist eine Gleichgültigkeit und Beliebigkeit, die im Gebetsleben selbstverständlich nicht die beste Alternative ist. Eine ältere Dame war mal bei mir in einem Kurs und erzählte bei Tisch, dass ihre Kinder früher nicht gerne sonntags zur Kirche gingen und meinten, sie hätten keine Lust. Und ihre Antwort darauf sei sehr einfach und klar gewesen: »Nun gut, dann kommt ihr einfach ohne Lust.« Zwischen Zwanghaftigkeit und Beliebigkeit gilt es ja nicht nur im Gebetsleben eine vernünftige Mitte zu finden. Dass über kürzere Phasen mal das eine oder andere Extrem auftauchen kann, ist normal. Bei längerer Dominanz des einen Extrems ist jedoch eine Veränderung unvermeidbar.

Beten gegen ...

»Es war zur festen Gewohnheit geworden, jedes Jahr die Tante einzuladen, wenn ein Gartenfest veranstaltet wurde. In diesem Jahr hatte man es vergessen. Als die Einladung doch noch in letzter Minute eintraf, sagte die Tante: ›Jetzt ist es zu spät. Ich habe schon um Regen gebetet.‹« *Anthony de Mello*

In den alttestamentlichen Psalmen finden wir viele Stellen, in denen der Betende Gott bittet, die Feinde am Fels zerschellen zu lassen und sie zu töten. Das tönt natürlich furchtbar. Die katholische Kirche hat darum diese Stellen aus ihren Gebetbüchern eliminiert. Jammerschade und unsinnig, denn wenn ich mit meinen Aggressionen nicht mehr vor Gott treten darf, zu wem dann sonst? Der liebe Gott wird ja schon klug genug sein und nicht all meine Wut und Rachewünsche gleich umsetzen. Es ist nicht leicht, Gott nicht um Rache zu bitten, wenn man schwer verletzt oder enttäuscht worden ist. Unsere menschliche Vorstellung von Gerechtigkeit ist stark geprägt vom Vergeltungsgedanken. Angehörige von Opfern kämpfen in den USA oft um Zuschauerplätze, wenn die Täter nach vielen Jahren Haft auf den elektrischen Stuhl kommen. In unseren Gebeten sollten wir nicht gegen etwas oder jemanden beten, sondern vielmehr um Wandlung und Erlösung, Heilung und Überwindung des Bösen, von Gewalt und Ungerechtigkeit. Ich kann Gott mein Leiden klagen, kann schimpfen und soll auch meine Trauer und Wut mit Tränen zeigen. Was aber Gott daraus macht, das sollte ich ganz ihm überlassen.

Gebete gegen andere Personen und Situationen können manchmal sehr fromm klingen. Nicht zufällig sagte Jesus vor der Formulierung des »Vaterunsers«: »Wenn ihr betet, dann tut es nicht wie die Heuchler.«

»Lieber Gott, ich danke dir,
dass ich nicht so bin wie die andern,
nicht so stur wie der Verkehrspolizist,
nicht so gemein wie meine Nachbarin,
nicht so treulos wie der Gatte meiner Freundin,
nicht so snobistisch wie die Golfkollegen,
nicht so angeberisch wie mein Chef,
nicht so rücksichtslos wie die meisten Autofahrer,
nicht so rechthaberisch wie unser Lehrer,
nicht so neugierig wie unsere Vermieterin,
nicht so hässlich wie unser Gemeindepräsident,
nicht so eitel wie meine Frisörin,
nicht so fremdenfeindlich wie mein Vater,
nicht so chaotisch wie meine Schwester
und nicht so frömmlerisch wie unser Pfarrer.«

Wenn sich negative Gottesbilder festsetzen

Wenn wir stark negative Gottesbilder in uns tragen und Gott als eine strafende, blutrünstige Wirklichkeit sehen, die für all das Leiden in der Welt direkt zuständig ist und uns unsere Gottesbilder nur eng und ängstlich machen, sollten wir das Beten zumindest vorübergehend einstellen, zunächst an unseren Gottesbildern arbeiten und am besten mal wieder ein zeitgenössisches Glaubensbuch lesen. Mit meinen Schüler/innen am Gymnasium behandle ich während eines Halbjahrs das Buch »Abenteuer Gott« von Norbert Reck. Damit mache ich beste Erfahrungen, weil es ihr in der Kindheit eingeimpftes Gottesbild völlig auf den Kopf stellt.

Vor allem wer mit Kindern betet, sollte sich hin und wieder eine reflektierende Lektüre gönnen, um ihnen nicht bewusst oder unbewusst belastende und antiquierte Gottesbilder zu vermitteln.

Lieber Gott, mach mal …

»Wir beten dafür, dass Sie nicht nur beten.«

Plakat-Kampagne vom Schweizer Fastenopfer

»Ich habe kein Bedürfnis nach irgendwelchen Gebetsformeln, schon gar nicht nach Bittgebeten. Dieses Instrumentalisieren von Gott ist mir sehr zuwider.« (Mann, 52 Jahre)

Wiederholt habe ich die Gefahr der Pervertierung des Gebets thematisiert. Wenn ich merke, dass ich Gott immer wieder um Dinge bitte, die eigentlich in der Verantwortung von mir selbst oder der gesamten Menschheit lägen, auch wenn sie unmöglich zu erreichen scheinen, dann ist eine Veränderung des Betens dringend nötig. Am besten richte ich in diesem Fall eine Zeit lang keinerlei Bitten an Gott, sondern vorwiegend Dank, Lob und Klage.

X Schwierigkeiten beim Beten – und Tipps

»Mein Gott, mein Gott,
gib, dass ich wieder zu Dir beten kann!
Gib mir die Einfachheit des Herzens!« *André Gide*

»Gott, inbrünstig möcht ich beten,
Doch der Erde Bilder treten
Immer zwischen dich und mich,
Und die Seele muss mit Grauen
Wie in einen Abgrund schauen,
In meiner Not ich suche dich!«
Joseph von Eichendorff

»O Gott, das Beten fällt mir schwer!
Du weißt es und andere merken das auch.
Ich ringe um Worte, doch sie sind flach und
taugen nicht.
Mein Leben ohne diese tiefste Herzenssprache
erscheint mir leer und ohne Hoffnung.
Lass Deinen Geist in meinem Herzen sprechen,
leg Deine Liebesworte in meinen Mund.«

Neben den Situationen, in denen es ratsam ist, vom bisherigen Gebetsstil Abstand zu nehmen und nach einer anderen Weise zu suchen, gibt es auch eine ganze Palette an Schwierigkeiten und Fragen, Zweifeln und Blockaden, die uns am Beten hindern. Wer beginnt, ernsthaft und regelmäßig zu beten, darf voll und ganz damit rechnen, dass die Schwierigkeiten und Hindernisse nicht lange auf sich warten lassen.

Es lohnt sich, an dieser Stelle nochmals die eigene Lebens- und Gebetskurve auf Seite 17 anzuschauen. Welche Schwierigkeiten oder Krisen habe ich dort bei der Gebetskurve notiert?

Manche spüren dieses göttliche DU einfach nicht, sie haben keine Antenne dafür. Andere leiden an tiefen Verletzungen in der religiösen Erziehung oder halten nur das für wahr, was naturwissenschaftlich mit Experimenten exakt beweisbar ist.

Einige Hauptschwierigkeiten beim Beten möchte ich hier erwähnen und jeweils mit praktischen Tipps darauf reagieren.

Die Mystikerin Teresa von Avila nennt in ihrem spirituellen Standardwerk »Wohnungen der Inneren Burg« mehrere Schwierigkeiten, die sich den Betenden in den Weg legen und die sich auch mit meinen eigenen Erfahrungen decken:

Wer einen ernsthaften spirituellen Weg geht und regelmäßig praktiziert, wird leicht, gerne und oft von außen kritisiert. Das Beten oder Meditieren wird als heiliges Theater, Weltflucht oder fromme Illusion belächelt oder sogar bekämpft. Ich habe einmal mit einer verheirateten Frau regelmäßig meditiert. Das hat ihren Ehemann völlig verunsichert. Hinterher verstehe ich das auch, weil er wohl gespürt hat, dass eine spirituelle Beziehung tiefer gehen kann als die emotionale und körperliche Liebe. Wer von außen wegen des Gebetslebens kritisiert wird und selber nicht über ein starkes Selbstwertgefühl verfügt, sollte sich eine objektive geistliche Begleitung wählen. Gemeinsam mit dieser kann man die kritischen Anfragen von außen prüfen. Oft findet man heraus, dass die Kritik von Dritten stark von Ängsten geprägt und von egoistischen Motiven geleitet ist.

Wenn man kritischen Personen gegenüber hin und wieder etwas von den eigenen geistlichen Erfahrungen erzählen kann, baut das im Glücksfall beim Anderen Ängste und in der Folge auch Widerstände ab. Wer aber vom Gegenüber beim Erzählen über die innersten Vorgänge eher belächelt oder angegriffen wird, sollte diese Perlen nur Menschen zeigen, die sie zu würdigen verstehen. Eine junge tschechische Freundin, die ganz und gar im marxistischen System erzogen wurde, erlebte diesen Punkt besonders stark: »Beim Beten fehlt mir oft der Mut, anders zu sein. Ich kann die besorgten, verwirrten, verunsicherten oder gar abwertenden Blicke meiner Mitmenschen nicht so leicht ignorieren.« Eine andere Freundin erzählte mir: »Nicht das Beten selbst ist für mich eine Schwierigkeit, sondern das Sprechen darüber. Ich merke die Zurückhaltung meines Umfeldes, sich darüber zu äußern. Noch nie hat jemand zu mir gesagt: ›Das mache ich auch‹, außer eine ganz gute Freundin.«

Auch Krankheiten und starke Schmerzen, die einen aus dem Gleis werfen, können einen auf dem inneren Weg verunsichern und hindern – gerade heute, wo jede Krankheit vorschnell psychologisiert wird.

In diesen Fällen würde ich weniger auf die pseudowissenschaftlichen Theorien von Bekannten hören als auf die leise innere Stimme, die auf die Frage antwortet: »Gott, was kann ich aus meiner momentanen Situation lernen?«

Wenig Kontakt zu meinem Innenleben

Es trafen sich einmal zwei Männer. Sagt der eine: »Mir ist langweilig. Draußen ist nirgends was los.« Sagt der andere: »Dann geh halt mal nach innen.« Meint dieser wiederum: »Da war ich schon. Auch nichts los.« – Es gibt Menschen, die wenig Kontakt haben zu ihrem inneren Rhythmus, zum eigenen Körper, zu den Gefühlen und Affekten. Sie sind ganz nach außen hin orientiert und leben damit gar nicht schlecht. Bloß eine tiefere Beziehung ist ihnen nicht möglich, weder mit anderen Menschen noch mit Gott. Wahrscheinlich haben sie auf Grund von frühen Verletzungen ein Schutzschild um ihre Seele aufgebaut, das nur mit einer entsprechenden Therapie aufgelöst und gewandelt werden kann. Sicher hilft ihnen zusätzlich das Meditieren biblischer Texte, speziell die Betrachtung der heilsamen Begegnungen mit Jesus.

Negative Kindheitserfahrungen mit Gebet

»Meine größte Schwierigkeit beim Beten ist, dass ich es nicht kann, ohne das Gefühl von Heucheln zu haben. Bin ich wirklich in der Situation, wo ich Gott in einem Stoßgebet z. B. als Unterstützer erreichen möchte, finde ich es unehrlich dies zu tun, weil ich es in guten Stunden auch nicht tue. Und in guten Momenten bete ich nicht, weil ich eigentlich nicht daran glaube, die Erlebnisse einem dafür verantwortlichen Gott verdanken zu müssen. Ich habe wenig bis keinen Zugang zum Gebet. Vielleicht rührt das daher, dass ich als Kind und Jugendliche oft unter Androhung von Strafe zum Beten und Kirchgang angehalten wurde. Einen persönlichen Sinn oder Wert konnte ich fast nie entdecken darin.« (Frau, 49 Jahre)

Die Erziehung durch unsere Eltern sowie durch Kirche und Lehrpersonen hat vielen Kindern und Jugendlichen nicht nur die Freude am Beten und am Kirchgang vermiest. Auch im Zeichnen, Malen, Lesen und Schreiben wurden viele in frühen Jahren entmutigt. Diesen Zustand kann man entweder bis zum Sterbebett beklagen oder man wagt irgendwann einen ganz neuen und anderen Zugang zu diesen Gebieten mit Menschen, die man für kompetent hält und denen man vertraut. Manche religiöse Bildungszentren, Hochschulgemeinden und Orte kirchlicher Erwachsenenbildung bieten regelmäßig entsprechende Kurse an.

Zerstreuung und fehlende innere Ruhe

»Das Schwierigste beim Beten ist, dran zu bleiben, nicht in Gedanken abzuschweifen.« (Mann, 51 Jahre)

»Die größte Schwierigkeit beim Beten ist für mich das Bedürfnis nach innerer Sammlung, was jedoch größer ist als das Gelingen. Ich wohne im Zentrum einer modernen Großstadt, da fällt es mir nicht immer leicht, zum festen inneren Ruhepunkt vorzustoßen.« (Mann, 68 Jahre)

»Die größte Schwierigkeit beim Beten bin ich selbst: wenn ich in mir gefangen bin, im Alltagsrotieren, und mich im geistigen Hamsterrad befinde. Furchtbar. Für mich und die drum herum.« (Frau, 42 Jahre)

Wenn ich wie im Text von Eichendorff oben immer wieder von Bildern und Plänen, Erinnerungen und Fantasien abgelenkt werde, sobald ich in die Stille gehe, kann ich nicht direkt mit einem stillen inneren Beten beginnen. Ich muss zuerst innerlich zur Ruhe kommen. Das Sprechen von fest formulierten Gebeten kann hier oft sinnvoll sein und helfen, die innere Ruhe zu finden. Andere gelangen vielleicht eher durch ein paar Körperübungen (Eutonie, Yoga, Tai Chi, Qi Gong) oder durch einen Spaziergang zu dieser Ruhe. Mir hilft es bei der täglichen Bibelmeditation mit dem Vorbereitungsgebet zu beginnen, in dem ich ausdrücklich um Konzentration, Sammlung und innere Entschiedenheit bitte. Einmal mehr muss ich meine Lieblingsheilige *Teresa von Avila* zitieren: »Es braucht die entschlossene Entschlossenheit.«

Belastete Beziehungen

»Schwer fällt mir beim Beten, wenn ich genau weiß, dass ich jetzt für andere Menschen beten sollte, aber es nicht tun kann. Es gibt Zeiten, wo ich mich von einer Person belästigt fühle und spüre, dass sie eigentlich meine Gebete bräuchte. Aber ich kann es nicht.« (Frau, 46 Jahre)

Nicht selten bekomme ich gerade im kirchlichen Milieu Sätze zu hören wie: »Mit diesem Priester kann ich unmöglich Messe feiern«, oder: »In dieser Gruppe kann ich ganz unmöglich beten«. Oftmals sind es aber auch ungelöste Konflikte mit Menschen, die weit weg sind, die uns am Beten in ruhiger, versöhnter Haltung hindern. Wenn ich innerlich voll Groll und Verletztheit bin, kann ich nicht in Ruhe beten. In solchen Situationen muss ich zunächst einmal Gott um Segen für die Menschen und Situationen bitten, mit denen ich im Unfrieden lebe und die mich nicht ruhig werden lassen. Wahrscheinlich gibt es kaum eindrücklichere Beispiele von Gebeten der Versöhnung als jene von Opfern, die für ihre Täter beten:

»Gott, denke nicht nur an die Männer und Frauen guten Willens, sondern auch an die mit bösem Willen. Doch erinnere dich nicht an die Leiden, die sie uns zugefügt haben. Erinnere dich an die Früchte, die wir durch dieses Leiden gebracht haben, unsere Kameradschaft, unsere Loyalität, unsere Demut, unseren Mut, unsere Großzügigkeit, die Größe des Herzens, die daraus gewachsen ist. Und wenn sie zum Gericht kommen, lass alle Früchte, die wir hervorgebracht haben, ihre Vergebung sein.« (Gebet einer unbekannten Frau, gefunden auf einem Stück Papier im Konzentrationslager Ravensbrück)

Umsetzung ins Tun

»Ich erlebe das Beten als eine ständige fortlaufende Geburt Gottes, die mir meine eigentliche Identität schenkt und die mich aus der Selbstrotation herausholt und gleichsam umleitet hin zum göttlichen Gravitationszentrum. Meine Frage ist aber, wie diese geistliche Überzeugung in eine täglich aktive Liebe und Zuneigung, wahre Freude und Humor, übersetzt werden kann.« (Mann, 72 Jahre)

Ich meine, dass das Beten mit dem Herzen einer der besten Wege ist, um zur aktiven Liebe, zum engagierten Tun zu gelangen. Wir kommen nur über die unverzichtbare Betroffenheit im Herzen vom Denken und Reden zum Tun. Ich kann Gott darum bitten, vom Leiden und der Not bestimmter Menschen tief berührt zu werden und echtes Mitgefühl zu entwickeln. Wenn mir das gelingt, finde ich auch automatisch Menschen und Gruppen, mit denen ich mich vernetzen und konkret engagieren kann.

Umstellen vom Reden zum Hören

»Meine größte Schwierigkeit ist, den mentalen und emotionalen Lärm still werden zu lassen. Diesen Lärm brauchen wir offenbar, um die wirkliche Begegnung mit unseren Gefühlen und mit der gegenwärtigen Situation zu vermeiden. Viel von unserer Betriebsamkeit und von unseren Entscheidungen sind nur Ablenkungen und kreieren Lärm, um das zu übertönen, was Gott uns wirklich zu sagen versucht.« (Mann, 68 Jahre)

»Ich habe Mühe, auf Gott zu horchen und ihn sprechen zu lassen. Ich fühle mich Gott nahe und erzähle ihm viel. Aber ich glaube, dass ich Gott nicht sehr viel Gelegenheit gebe, sich auszudrücken.« (Frau, 39 Jahre)

Das fehlende Sich-einlassen-Können auf Stille ist ein verbreitetes Problem. Ich kann es aber sukzessive üben, vielleicht in Verbindung mit Gehen und Wandern, wenn ich nicht der Typ des Stille-Sitzens bin. Das Herzensgebet kann ein hilfreicher Einstieg ins hörende Gebet sein. Ich selber kenne die Angst vor der großen Stille sehr gut. Es ist die Angst, den vielleicht sehr radikalen Willen Gottes für das eigene Leben zu vernehmen. Gottes Ruf könnte mich auf einen unbequemen Weg führen, der mich aus meiner Gewohnheit herauslocken oder zwingen würde.

Stress und Zeitnot

»Am schwierigsten ist für mich überhaupt zum Beten zu kommen. Mir fehlt die Disziplin, mich aus dem Alltag und Lebenskonsum herauszureißen.« (Frau, 29 Jahre)

»Die größte Schwierigkeit beim Beten ist, dass ich mir die Zeit dafür nicht gebe. Ich habe Kinder, die die meiste Zeit über mich krabbeln oder es sind andere dringende Dinge, denen ich gegenüber dem Gebet den Vortritt gewähre.« (Frau, 39 Jahre)

Manche spirituellen Lehrer betonen, dass das Beten gerade für jene wichtig sei, die meinen, keine Zeit dafür zu haben. Der heilige Franz von Sales meinte einmal: »Bete jeden Tag eine halbe Stunde. Und wenn du meinst, dass du keine halbe Stunde Zeit hast, dann bete eine ganze Stunde.« Vielmehr möchte ich dazu ermutigen, in Zeiten von Druck und Stress ganz kurze Stoßgebete zu formulieren, quasi SMS an Gott zu senden, um selbst aus einem ganz flüchtigen Gebet dennoch Kraft und Ruhe zu schöpfen und ein wenig gelassener im Hamsterrad zu drehen:

»Gott, ich habe keine Zeit zum Beten,
sitze seit Stunden am PC und erstelle Statistiken –
lass mein schmerzendes Kreuz Gebet sein.
Ich habe keine Zeit zum Beten,
bin am Joggen und brauche meinen Ausgleich –
lass mein Bemühen, keine Schnecke und Blume zu
zertreten, Gebet sein.
Ich habe keine Zeit zum Beten,
hetze von einer Sitzung zur nächsten –
lass meinen Euro an die Bettler Gebet sein.
Ich habe keine Zeit zum Beten,
bin zum Essen mit meiner Freundin verabredet,
lass meine Umarmungen Gebet sein.
Ich habe keine Zeit zum Beten,
brauche dringend ein paar Stunden Schlaf –
lass meinen Atem und meine Träume Gebet sein.
Ich habe keine Zeit zum Beten,
kämpfe auf der Intensivstation um mein Leben –
lass mein Loslassen und Sterben Gebet sein.«

Je mehr man im Stress und unter Druck ist, umso sinnvoller ist es, ganz kurze Stoßgebete zu entwickeln wie zum Beispiel:

»Christus, ich grüße dich, du aber, segne mich.
oder:
Gott, hilf mir alles anzunehmen
als dein Geschenk an mich,
und hilf mir alles loszulassen
als mein Geschenk an dich.«

Gebet-feindlicher Lebensrhythmus

»Ich habe keine Schwierigkeiten beim Beten – außer morgens, wenn ich noch sehr müde bin.« (Frau, 41 Jahre)

»Da mein Gebet eigentlich zu einer Zeit stattfindet, in der ich keine äußeren Einflüsse an mich heran lasse und völlig nach innen gekehrt bin, sind meine Gebetszeiten sehr rar. Es ist nicht immer einfach seine Umwelt so abzuschalten, wie es für das Gebet nötig ist. So kommen ganz ungewöhnliche Zeiten und Orte zustande: z. B. am Montagmorgen um halb sechs Uhr im Zug zum Flughafen oder abends beim Fernsehen (in dem Fall läuft zwar der Fernseher, ich bin aber nach dem Gebet nicht in der Lage zu sagen, was während des Gebets gezeigt wurde).« (Mann, 33 Jahre)

Im Kapitel VIII habe ich ein paar Tipps genannt: den Biorhythmus ernst nehmen, tote Zeiten des Wartens zum Beten nutzen, kurze Stoßgebete statt lange Monologe formulieren oder die Arbeit zum Gebet machen.

Wenig inspirierende Kirche

»Wenn ich alleine oder mit den Kindern bete, habe ich keine Schwierigkeiten. Es kann vorkommen, dass ich in der Kirche bin und mich nicht auf das Beten konzentrieren kann, weil meine Gedanken abschweifen. Dies passiert, wenn mich der Gottesdienst nicht berührt. Dann drifte ich gedanklich weg und kann auch nicht beten.« (Frau, 32 Jahre)

»Ich habe oft Mühe mit dem gemeinsamen Gebet in Gruppen und Gottesdiensten. Ich finde, dass diese Gebete oftmals nur ein frommer Informationsaustausch sind, ein Mitteilen von Veranstaltungen oder Ausdruck fundamentalistischer Erwartungen, wenn man meint, Gott könne von heute auf morgen den Krieg abschaffen.« (Mann, 39 Jahre)

Ich gebe gerne zu, dass viele Gottesdienste die Menschen kaum zum Beten und zur Stille führen können. Vielleicht darf man von einer gemeinschaftlichen religiösen Feier auch nicht allzu viel erwarten. Es genügt, wenn es mir beispielsweise in einem Gottesdienst gelingt, in das Brot auf dem Altar mich selbst, mein Herz, meine Beziehungen und die Welt zu legen mit der Bitte, dass all dies in das gewandelt wird, was wir empfangen – Leib Christi. Und wenn ich aus dem Evangelium eine Botschaft für mich und die Menschheit erkennen kann, hat sich der Besuch auch ohne Raum und Atmosphäre fürs Gebet gelohnt.

Der eine Kopf und die vielen Fragen

»Eine Schwierigkeit, die ich beim Beten oft erfahre, sind die vielen Fragen, die mir in den Kopf springen. Manchmal erhoffe ich mir auch durch das Gebet Einfälle und Lösungen für Probleme, die mich beschäftigen.« (Mann, 52 Jahre)

Beten und Denken sind zum Glück kein Widerspruch. So wie ich beim Denken und Planen beten darf, ist das Denken und Planen auch beim Beten nicht verboten.

In welcher Sprache mit Gott reden?

Bei Menschen, die mehrsprachig sind oder deren Muttersprache eine andere ist als die Landessprache, stellt sich oftmals die Frage, in welcher Sprache sie zu Gott sprechen sollen. Ein befreundeter französisch sprechender Mitbruder betet vor allem auf Englisch und Arabisch, ein anderer betet am liebsten das »Anima Christi« auf Lateinisch. Ich bete das Vaterunser lieber auf Französisch als auf Deutsch, da Französisch für mich die Sprache der Liebe ist. Jedenfalls ist es durchaus eine Überlegung wert, in welcher Sprache man zu Gott reden will – falls man überhaupt Worte verwenden und nicht in der Sprache des Schweigens die Verbindung mit Gott sucht.

Teuflische Stimme der Resignation

Manchmal möchte man am liebsten zu beten aufhören, weil man keine Lust oder keine Zeit hat und überhaupt am Sinn des Betens zweifelt, weil keine Antwort und Hilfe von oben zu kommen scheint und weil es um die Welt so schlecht bestellt ist, dass man doch nicht wirklich an Gebetserhörungen glauben kann. In solchen Momenten hat es die teuflische Stimme leicht, in uns Gehör zu finden. Diese Stimme nenne ich absichtlich so, weil sie die raffinierteste Stimme in meinem inneren Orchestergraben ist und sich immer genau dann unter dem Schein des Guten meldet, wenn ich in einer Haltung von Zweifel und Unklarheit, Müdigkeit oder Lustlosigkeit stecke. Ich meine nicht, dass die teuflische Stimme der große Widersacher Gottes ist, sondern eher die herausforderndste göttliche Stimme darstellt, die meinen Glauben und mein Vertrauen aufs Härteste prüft und stärkt. Kurz gesagt: Wenn ich Zweifel an der Sinnhaftigkeit des Betens in mir spüre, dann bete ich unverzüglich ein paar fest formulierte Standardgebete.

XI Meine Gebetsbilanz

Mit dem Beten ist es wie mit Essen und Arbeiten, Fernsehen und Sport treiben: Man kann alles übertreiben. Gleichzeitig ergeht es dem Beten wie dem Musizieren, den Fremdsprachen und dem Tennisspiel: Es kann mangels Übung einschlafen und ganz zum Erliegen kommen. Ziel dieses Buches ist es, die Vielfalt an Gebetsformen aufzuzeigen und Sie zu ermutigen, im Alltag die eine oder andere Gebetsform einzuüben, sofern das überhaupt noch nötig ist.

Ich bin noch immer auf der Suche nach geeigneten Formen des Gebets in bestimmten Situationen. Wenn ich einzelne Tage, Wochen, Monate und Jahre nach den Zeiten des ausdrücklichen Betens prüfe, kommt zweifellos einiges zusammen: Stoßgebete für Menschen in Not, Meditation biblischer Texte, Tischgebet, Mittagsgebet, eine Reihe von »Vaterunser« beim Warten auf den Bus, Momente des Schweigens zu Beginn von Sitzungen und Lektionen in der Schule, das Jesusgebet beim Spazieren und Wandern, der Gottesdienst, das abendliche Gebet der liebenden Aufmerksamkeit, regelmäßige Meditation biblischer Texte, spirituelle Lektüre sowie das intensive Meditieren in Besinnungs- und Exerzitienkursen.

In der abschließenden Übung (S. 162) halte ich in den Spalten eins und zwei der oberen Tabelle fest, was ich bisher an Gebetsformen alleine oder in Gemeinschaft mehr oder weniger regelmäßig gepflegt habe. Vielleicht spüre ich aber beim Festhalten des Status quo bereits, was ich in Zukunft gerne mehr pflegen oder was ich verändern oder gar aufgeben möchte.

In den entsprechenden Spalten der unteren Tabelle kann ich meine Wünsche für die Zeit in 1, 2, 3 oder 5 Jahren einsetzen. Wenn mir da eine ganze Reihe von Gebetsweisen in den Sinn kommen sollte, heißt das noch lange nicht, dass ich in der Realität alles umsetzen muss. Der Weg zur Hölle ist gepflastert mit guten Vorsätzen. Darum ist es wichtig, dass ich mir für die Zukunft nur wenige Veränderungen vornehme und diese in kleinen, unspektakulären Schritten angehe.

Die folgende Liste verschiedener Gebetsformen möge bei dieser Übung eine Stütze sein.

Morgengebet; Abendgebet; Tischgebet; Stoßgebet mitten im Tun oder in Wartezeiten; Gebet auf dem Arbeitsweg; Gebet vor Reisen; spezielle Segen und Rituale bei Abschied und Wiedersehen; Meditation mit oder ohne Bilder und Worte, Texte und geistliche Musik; Bibelmeditation; Herzensgebet; Psalmengebete; Andachten (Anbetung, Rosenkranz); abendliches Gebet der liebenden Aufmerksamkeit; Eucharistiefeier und andere Gottesdienstformen; kontinuierliche Bibellektüre; spirituelle Lektüre; Geistliches Tagebuch führen; Reflexion über die spirituelle Erfahrung; Vertiefen der Kenntnis christlicher Spiritualität; Wüstentag; Fasten; geistliche Begleitung; Meditations- und Exerzitienkurs; Exerzitien im Alltag; Sabbatzeit; Beten, meditieren und geistlicher Austausch mit Partner/in; Beten, geistlicher Austausch oder Meditation in einer Gruppe ...

Übung

Regelmäßigkeit	Heute alleine	gemeinsam
Täglich		
Wöchentlich		
Monatlich		
spez. Zeiten (Fastenzeit, Advent, Feste)		
Jährlich		
Alle 5–10 Jahre		

Regelmäßigkeit	in ... Jahren alleine	gemeinsam
Täglich		
Wöchentlich		
Monatlich		
spez. Zeiten (Fastenzeit, Advent, Feste)		
Jährlich		
Alle 5–10 Jahre		

Am Ende des Vorworts haben Sie vielleicht die einleitenden Fragen beantwortet. Gerne wiederhole ich hier einige der Fragen und hoffe, dass Ihnen die Lektüre eine Hilfe oder neue Erkenntnis vermitteln konnte.

- Was habe ich durch dieses Buch gelernt, entdeckt, gewonnen?
- Welche Erwartungen an das Buch haben sich erfüllt?
- Was hat sich durch die Lektüre für mein Gebetsleben verändert?
- Welche neuen Formen des Betens habe ich kennen gelernt und welche möchte ich gerne vermehrt in mein Leben integrieren?
- Welche Gebetshilfen dieses Buches scheinen mir für mich besonders wertvoll?
- Welches Gebet habe ich neu oder wieder entdeckt?
- Welche Fragen und Schwierigkeiten mit dem Beten sind weiterhin geblieben oder neu aufgetaucht?
- Worauf möchte ich künftig beim Beten besonders achten?
- Welches ist mein nächster konkreter Schritt in Bezug auf mein Gebetsleben?
- Welchen Personen oder Gruppen werde ich das Buch empfehlen oder schenken?

Nachwort und Dank

Liebe Leserin, lieber Leser,

beim Nachdenken über das Beten hat in den letzten Monaten meistens eine Seite in mir gebetet und eine andere stellte sich am Rand des Spielfeldes als Schiedsrichterin auf und zückte ständig eine gelbe oder rote Karte, wenn mein persönliches Gebet nicht den im Buch beschriebenen Idealen und Zielen entsprach. Manchmal fühlte ich mich wie in einer kriselnden Paarbeziehung, wo man jedes Wort auf die Goldwaage legt, weil es vom Partner falsch verstanden und ausgelegt werden könnte. Ich möchte Sie darum abschließend ermutigen, sich von dieser möglichen Gefahr einer überkritischen Gebetsreflexion nicht allzu sehr anstecken zu lassen.

Bei allen Übergängen im Leben spielt sich derselbe Mechanismus ab: Ehe ich mich auf etwas Neues einlassen kann, muss ich Altes verlassen, in Würde und Dankbarkeit verabschieden. Wenn es sich beim Loslassen um traditionelle Gebete zu einem überholten Gottesbild handelt, so ist dies besonders schwierig, zumal die neue Form des Gebets noch nicht bekannt, regelmäßig eingeübt und zu einer leichten, selbstverständlichen Praxis geworden ist. Darum ist es notwendig, das Dazwischen, die Phase des Nicht-mehr-und-noch-Nicht nicht nur leidend auszuhalten, sondern bewusst anzunehmen und kreativ zu gestalten. Wenn Sie beispielsweise das stille kontemplative Gebet einüben wollen, aber außer Zerstreuungen und Fantasien sich anfangs nichts in Kopf und Herz regt, dann beten Sie einfach ein bekanntes fest formuliertes Gebet, bis sie zu größerer innerer Ruhe und Gelassenheit gelangen. Hauptsache ist und bleibt, dass Sie wissen, zu wem Sie beten und dass Sie wie der Bauer, der fünf Mal das ABC rezitierte, mit einem einfachen Herzen beten.

Von Herzen danke ich allen, die mit ihren persönlichen Gebetserfahrungen das Buch lebensnah und lebendig gestaltet haben: Christoph A., Philipp A.-C., Bettina A., Marianne von A., Sévérine B., Christoph B., Farsin B., Lenka B., Magdalena B., Werner B., Erwin B., Norbert B., Angela B., Thomas B., Susanne B., Elisabeth B., Claudia B.-R., Hedy B., Matthieu C., Karen C., Ulam C., Fabienne E., André E., Katrin F., Patricia F.-J., David G., Esther G., Thomas H., Marianne H., Michael H., Joan H.-W., Franz-Xaver H., Fred H., Nancy I., Stephanie J.-M., Christoph J.-G., Yvonne K., Alice K., Michèle K., Birgit K., Aline K., Toni K., Carmen K., Josef L., Silvana L., Pamela L.-H., Richard L., Bryan M.G., Leila M., Iren M., Michael M., Martina M., Marie-Christine O., Sébastien P., Martina P., Miek P., Maylene R., Christine R., Anne-Marie R., Fabienne R.-K., Zaki S., Thierry S., Bettina S.-B., Olaf S., Barbara S.-F., Petra S., Michèle S.-A., Peter S., Pia S., Sari S., Ilona S., Jürg T., Henriette T.-S., Patrizia T.-B., Peter-John V., Alexa V., Sophie W. und Ann Z.

Wenn Sie über die Lektüre hinaus das Thema Beten persönlich vertiefen wollen, empfehle ich Ihnen gerne meine regelmäßigen Gebetskurse im Lassalle-Haus sowie die folgenden Literaturhinweise. Wenn Sie noch ganz spezifische Fragen zum Gebet haben, dürfen Sie sich gerne direkt an mich wenden.

P. Lukas Niederberger SJ
Lassalle-Haus Bad Schönbrunn
CH-6313 Edlibach
E-Mail: beten-lernen@hotmail.com
Internet: www.lassalle-haus.org

Literatur

Abeln, Reinhard: *Gebete des Herzens.* Kevelaer 2003

Bauschke, Martin (Hg.): *Gemeinsam vor Gott. Gebete aus Judentum, Christentum und Islam.* Gütersloh 2004

Bommers, Michael: *Manager-Gebetbuch.* Kevelaer 2005

Di Nola, Alfonso M.: *Gebete der Menschheit,* Düsseldorf 1973

Einiger, Christoph: *Die schönsten Gebete der Welt.* München 1964

Gaarlandt, J. G. (Hg.): *Das denkende Herz. Die Tagebücher der Etty Hillesum* (1941–1943). Hamburg 1985

Grün, Anselm: *Gebet als Begegnung.* Münsterschwarzach 2001

Hammarskjöld, Dag*: Zeichen am Weg.* München 2005

Hierzenberger, *Gottfried: Der Betende Mensch. Kleine Kultur- und Geistesgeschichte des Betens.* Mainz 2005

Hock, Gundikar (Hg.): *Ergriffen vom Feuer. Gebete aus dem Geist der Exerzitien.* Würzburg 2006

Jalics, Franz: *Lernen wir beten.* Mainz 2005

Kirchhoff, Hermann: *Grundgebete der Christen.* München 1998

Lang, Bernhard (Hg.): *Erhelle meine Nacht. Die 100 schönsten Gebete der Menschheit.* München 2004

Leven, Christian: *100 Gebete, die das Leben verändern.* Stuttgart 2005

Lorenz, Erika (Hg.): *Francisco de Osuna: Versenkung.* Freiburg i. Br. 1982

Nigg, Walter: *Gebete der Christenheit.* München 1965

Pausch, Johannes: *Auch schwarze Schafe können glauben.* München 2002

Rotzetter, Anton: *Du Atem meines Lebens.* Freiburg i. Br. 2005

Schaffer, Ulrich: *Beten über Worte hinaus.* Stuttgart 1988

Schaller, Hans: *Wenn ich beten könnte.* Mainz 1997
Schaube, Werner: *Herders Hausbuch der Gebete.* Freiburg i. Br. 1991
Seewald, Peter: *Die Schule der Mönche.* Freiburg 2003
Steinke, Johannes Maria: *Wie beten geht.* Freiburg i. Br. 2004
Teresa von Avila: *Weg der Vollkommenheit.* Freiburg i. Br. 2003
Teresa von Avila: *Wohnungen der Inneren Burg.* Freiburg i. Br. 2005
Vinçon, Herbert: *In ihm sei's begonnen. Mit Dichtern beten.* Stuttgart 2005

Textverzeichnis

11–12, 68 Dietrich Bonhoeffer, Widerstand und Ergebung, © by Gütersloher Verlagshaus, Gütersloh, in der Verlagsgruppe Random House GmbH, München.

13 Ernesto Cardinal, Das Buch von der Liebe, © Peter Hammer Verlag, Wuppertal, Neuauflage 2004.

28 Alle Autorenrechte liegen bei der Katholischen Akademie in Bayern Romano Guardini, Theologische Gebete, S. 310, Verlagsgemeinschaft Matthias Grünewald, Mainz/Ferdinand Schöningh, Paderborn.

54–55 Entnommen aus: Anton Rotzetter, Gott, der mich atmen lässt, S. 35 f., © Verlag Herder, Freiburg im Breisgau/Anton Rotzetter, 3. Auflage 2002.

57–58 Hans Magnus Enzensberger, Empfänger unbekannt, aus: Magnus Enzensberger, Kiosk, Neue Gedichte, © Suhrkamp Verlag, Frankfurt am Main 1995.

93–95 Erzählt von Hubertus Halbfas, Der Sprung in den Brunnen. Eine Gebetsschule, Patmos Verlag, Düsseldorf (1981/1996), ^{4}2004.

105 Autor und Quelle unbekannt.

107 Dag Hammarskjöld, »Du, der über uns ist«, aus: Zeichen am Weg. Für die deutsche Fassung, © 1967 Droemersche Verlagsanstalt Th. Knaur Nachf. GmbH & Co. KG, München.

110 Mascha Kaléko, »Kurzer Dialog«, S. 111, aus: In meinen Träumen läutet es Sturm, © 1977 Deutscher Taschenbuch Verlag, München.

116 Martin Buber, Ich und Du, © by Gütersloher Verlagshaus, Gütersloh, in der Verlagsgruppe Random House GmbH, München.